L'ORGUEIL

LA DUCHESSE

LES

SEPT PÉCHÉS CAPITAUX

— Première partie —

L'ORGUEIL

III

SOUS PRESSE :

L'ENVIE — LA COLÈRE — LA LUXURE
— LA PARESSE —
L'AVARICE — LA GOURMANDISE

Imprimerie Lacrampe fils et Comp., rue Damiette, 2.

L'ORGUEIL

LA DUCHESSE

LES SEPT PÉCHÉS CAPITAUX PAR E. SUE

VÉTION ÉDITEUR, N° 11, RUE DU JARDINET.

1849

I

Le lendemain matin du jour où M. de Maillefort avait été pour la première fois présenté à mademoiselle de Beaumesnil, le commandant Bernard, l'air souffrant, mais résigné, était étendu dans son bon fauteuil, présent d'Olivier.

A travers la fenêtre de sa chambre, le vieux

marin regardait tristement, par une belle matinée d'été, la sécheresse de ses plates-bandes, qu'envahissaient les mauvaises herbes ; car, depuis un mois, deux des anciennes blessures du vétéran s'étant rouvertes, le tenaient cloué sur son fauteuil et l'empêchaient de s'occuper de son cher jardinet.

La ménagère assise auprès du commandant, s'occupait d'un travail de couture ; depuis quelques moments, sans doute, madame Barbançon se livrait à ses récriminations habituelles contre *Buônapartè ;* car elle disait au vétéran avec un accent d'indignation concentrée :

— Oui, Monsieur... crue... crue... il la mangeait toute crue...

Le vétéran, lorsque ses douleurs aiguës lui laissaient quelque relâche, ne pouvait s'empêcher de sourire aux histoires de la ménagère; aussi reprit-il :

— Quoi! que mangeait-il cru, ce diable d'*ogre de Corse*, maman Barbançon?

— Sa viande, Monsieur! oui, la veille du jour de la bataille... il la mangeait crue... sa viande! Et savez-vous pourquoi?

— Non, — dit le vétéran, en se retournant avec peine dans son fauteuil, je ne devine pas...

— C'était pour se rendre encore plus féroce, le malheureux! afin d'avoir le courage de faire exterminer ses soldats par l'ennemi, et surtout les *vélites*, — ajouta en soupirant la rancuneuse ménagère, — le tout dans le but d'en faire *de la chair à canon,* comme il disait, et d'augmenter la conscription pour dépeupler la France... où il ne voulait plus voir un seul Français... C'était son plan...

A cette tirade, débitée d'une haleine, le commandant Bernard partit d'un franc éclat de rire, et dit à sa ménagère :

— Maman Barbançon, une seule question : Si *Buônapartè* ne voulait plus voir un seul Français en France, sur quoi diable aurait-il régné, alors ?

— Eh! mon Dieu ! — dit la ménagère, en haussant les épaules avec impatience, comme si on lui eût demandé pourquoi il faisait jour en plein midi, — mais il aurait régné sur les nègres donc !

Ceci était d'une telle force de conception, d'un inattendu si saisissant, qu'un moment de stupeur précéda la nouvelle explosion d'hilarité du commandant, qui reprit :

— Comment sur les nègres ?... quels nègres ?

— Mais les nègres d'Amérique, Monsieur, avec qui il manigançait si bien sous main.. que, pendant qu'il était sur son rocher, ils ont creusé un canal souterrain qui commençait au *Champ-d'Asile,* serpentait sous *Sainte-Hélène,* et allait aboutir au chef-lieu de l'empire d'autres nègres amis des premiers, de façon que *Buônapartè* voulait revenir à leur tête tout saccager en France avec son affreux *Roustan.*

— Maman Barbançon — dit le vétéran avec admiration!! — vous ne vous étiez jamais élevée à cette hauteur-là...

— Il n'y a pas là de quoi rire, Monsieur... Voulez-vous une dernière preuve que le monstre pensait toujours à remplacer les Français par des nègres?

— Je la demande, maman Barbançon — dit le vétéran, en essuyant ses yeux remplis de larmes joyeuses — voyons, la preuve?

— Eh bien! Monsieur, n'a-t-on pas dit de tout temps que votre *Buônaparte traitait les Français comme des nègres!...*

— Bravo... maman Barbançon.

— Or, c'est bien la preuve qu'il aurait voulu, au lieu de Français, avoir tous nègres sous sa griffe?

— Grâce... maman Barbançon, — s'écria le pauvre commandant en se crispant de rire sur son fauteuil, — trop est trop... cela fait mal... à la fin...

Deux coups de sonnette, impérieux, retentissants, firent bondir et déguerpir la ménagère, qui, laissant le commandant au milieu de son accès d'hilarité, sortit vivement en disant :

— En voilà un qui sonne en maître, par exemple!

Et fermant la porte de la chambre du vétéran, madame Barbançon alla ouvrir au nouveau visiteur.

C'était un gros homme de cinquante ans environ, portant l'uniforme de sous-lieutenant de la garde nationale, uniforme qui ouvrait outrageusement par derrière et bridait sur un ventre énorme, où se balançaient de monstrueuses breloques en graines d'Amérique.

Ce personnage, coiffé d'un formidable ourson qui lui cachait les yeux, avait l'air solennel, rogue et pleinement satisfait de soi.

A sa vue, madame Barbançon fronça le sourcil, et peu imposée par la dignité du grade de ce soldat citoyen, elle lui dit aigrement et avec un accent de surprise peu flatteur :

— Comment! c'est encore vous?

— Il serait étonnant qu'un *pôpiétaire*..... (*pôpiétaire* fut dit et accentué ainsi avec une majesté souveraine, inexprimable), ne pourrait pas venir dans sa maison... quand...

— Vous n'êtes pas chez vous ici... puisque vous avez loué au commandant.

— Nous sommes au 17 et *mon* portier a apporté *ma* quittance imprimée pour toucher *mon* terme..... qu'il n'a pas touché..... aussi je...

— On sait ça, voilà trois fois depuis deux

jours que vous venez le rabâcher. Est-ce qu'on veut vous en faire banqueroute, de votre loyer? On vous le paiera quand on pourra... et voilà...

— Quand on pourra! un pôpiétaire ne se paie pas de cette monnaie de singe...

— Singe vous-même... dites donc... *propriétaire!* vous n'avez que ce mot là à la bouche... parce que vous avez pendant vingt ans mis du poivre dans l'eau-de-vie, de la chicorée dans le café, du grès dans la cassonnade, et passé les chandelles dans l'eau bouillante pour rabioter du suif sans que cela y paraisse... et qu'avec ces procédés là, vous avez acheté des maisons sur le pavé de Paris... faut pas être si fier, voyez-vous?

— J'ai été épicier, je me suis enrichi dans mon commerce, et je m'en vante..... *Madame !*

— Il n'y a pas de quoi ; et, puisque vous êtes si riche, comment avez-vous l'effronterie pour un pauvre terme... le seul en retard depuis trois ans, de venir relancer un brave homme comme le commandant ?

— Je m'importe peu de tout ça :... mon argent ou j'assigne !.. C'est étonnant... ils ne paient pas leurs loyers et il leur faut des jardins... encore... à ces particuliers-là !

— Tenez, Monsieur Bouffard, ne me poussez pas à bout, ou vous allez voir !!! Il leur faut des jardins ! un brave homme criblé de blessures... qui a ce jardinet pour seul pauvre petit plaisir... Tenez... si, au lieu de rester dans votre comptoir à filouter les acheteurs, vous aviez fait la guerre comme le commandant, et saigné de votre corps aux quatre coins du monde... et en Russie... et partout, vous en auriez, des maisons sur le pavé de Paris ! Va-t-en voir s'ils viennent... Voilà la justice pourtant.

— Une fois, deux fois, vous ne pouvez pas me payer plus aujourd'hui qu'hier ?

— Trois fois, cent fois, mille fois non ; le commandant, depuis que ses blessures se sont rouvertes, ne pouvait dormir qu'à force d'opium ; c'est aussi cher que l'or, cette drogue là, et les cent cinquante francs du terme ont passé à ça et aux visites du médecin...

— Je m'importe peu de vos raisons; les pôpiétaires seraient joliment enfoncés s'ils écoutaient ces *floueurs* de locataires; c'est comme dans ma maison de la rue de Monceau, d'où je viens... autre bonne pratique!.. une musicienne... une drôlesse qui ne peut pas non plus payer son terme, parce qu'elle a été soi-disant malade pendant deux mois, et qu'elle n'a pas pu donner ses leçons... comme à l'ordinaire! Bamboches que tout cela. Quand on est malade... on va *z'a* l'hôpital, et ça vous permet de payer *son* terme....

— A l'hôpital! jour de Dieu!... le commandant Bernard à l'hôpital! — s'écria la ménagère exaspérée. — Mais quand je devrais me faire chiffonnière pour gagner la nuit et le soigner le jour... le commandant n'irait pas... à l'hôpital... entendez-vous... et c'est vous qui risquez d'y aller, si vous ne filez pas... et vite encore, car M. Olivier va rentrer... et il vous donnera plus de coups de pied dans votre bedaine que votre ourson n'a de poils.

— Je voudrais bien voir qu'un pôpiétaire serait vilipendé chez lui-même. Mais brisons là... Je reviendrai à quatre heures : si les cent cinquante francs ne sont pas prêts... j'assigne et je fais saisir.

—Et moi, je *saisirai* ma pelle à feu pour vous recevoir si vous reparaissez... voilà ma politique !

Et la ménagère, fermant la porte au nez

de M. Bouffard, revint auprès du commandant. Son accès d'hilarité était passé ; mais il lui restait un fond de bonne humeur ; aussi, à la vue de sa femme de confiance, qui, les joues encore enflammées de colère, ferma brusquement la porte en grommelant sourdement, le vieux marin lui dit :

— Voyons, maman Barbançon, est-ce que vous n'avez pas épuisé votre furie sur *Buônapartè*... A qui, diable! en avez-vous encore à cette heure?

— A qui j'en ai ? à quelqu'un qui ne vaut pas mieux que votre Empereur... Les deux font la paire, allez !

— Qui est-ce donc qui fait la paire avec l'Empereur, maman Barbançon?

— Pardié... c'est...

Mais la ménagère s'interrompit. Pauvre cher homme, pensa-t-elle, je lui mettrais la mort dans l'âme... en lui disant que le loyer n'est pas payé... que tout a passé pour sa maladie... même soixante francs à moi... Attendons M. Olivier... peut-être il aura de bonnes nouvelles...

— Mais, que diable ! ruminez-vous là au lieu de me répondre, maman Barbançon ? — dit le vieux marin, — est-ce quelque nouvelle histoire ? celle du *petit homme* rouge, que vous me promettez toujours ?

— Ah bon ! heureusement... voilà M. Olivier, — dit la ménagère en entendant sonner de nouveau, mais doucement, cette fois. —

Ce n'est pas M. Olivier, — ajouta-t-elle, — qui sonnerait à tout casser..... comme ce gueux de propriétaire !

Et laissant de nouveau son maître seul, madame Barbançon courut à la porte ; c'était en effet le neveu du commandant.

— Eh bien ! Monsieur Olivier ? — lui dit la ménagère avec anxiété.

— Nous sommes sauvés, — répondit le jeune homme en essuyant son front baigné de sueur, — le brave maître maçon a eu de la peine à trouver l'argent qu'il me devait, car je ne l'avais pas prévenu qu'il me le faudrait si tôt... mais enfin voici les deux cents francs, — dit Olivier en donnant un sac à la ménagère.

— Ah! quelle épine hors du pied! Monsieur Olivier!

— Est-ce que le propriétaire est revenu?

— Il sort d'ici le gredin! je l'ai abominé de sottises!

— Ma chère madame Barbançon, quand on doit, il faut payer... Ah çà! et mon pauvre oncle ne se doute de rien?

— De rien... le cher homme... heureusement.

— Ah! tant mieux!.. — dit Olivier.

— Oh! la fameuse idée — s'écria la vindicative ménagère en comptant l'argent que le neveu de son maître venait de lui remettre, — une fameuse idée!

— Laquelle, madame Barbançon?

— Ce gredin de propriétaire doit revenir à quatre heures; j'allumerai un bon fourneau dans ma cuisine, je mettrai dedans cent cinquante francs et quand il arrivera, ce monstre de M. Bouffard, je lui dirai d'attendre; j'irai vite repêcher avec des pincettes mes pièces toutes brûlantes, je les empilerai sur la table et je lui dirai : *le voilà, votre argent... prenez-le...* Hem! Monsieur Olivier, fameux? La loi ne défend pas ça?

— Diable! maman Barbançon, — dit Olivier en souriant, — vous voulez tirer à boulets rouges sur les épiciers enrichis! Faites mieux, allez... économisez votre charbon et donnez les cent cinquante francs à M. Bouffard tout simplement.

— Monsieur Olivier... vous êtes trop bon.. laissez-moi lui rissoler le bout des ongles, à ce brigand-là!

— Bah!... il est plus bête que méchant.

— Il est l'un et l'autre, allez, Monsieur Olivier, issu d'un *coq* et d'une *oie* comme dit le proverbe.

— Mais, mon oncle, comment va-t-il ce matin? Je suis sorti de bonne heure... il dormait encore, je ne l'ai pas réveillé.

— Il va beaucoup mieux, car nous nous sommes disputés à cause de *son monstre*... et puis votre retour... lui a valu mieux que toutes les potions du monde... à ce digne homme.... et, tenez, Monsieur Olivier....

quand je pense que, sans vos deux cents francs, cet affreux Bouffard nous aurait fait saisir dans trois ou quatre jours... et Dieu sait ce que vaut le ménage... vu qu'il y a trois ans, les six couverts et la timbale du commandant ont fondu dans sa grande maladie...

— Ma bonne madame Barbançon, ne me parlez pas de cela.. j'en deviendrais fou, car, mon semestre passé, je ne serai plus ici ; ce qui est arrivé aujourd'hui peut se renouveler encore, et... alors... ; mais... tenez... je ne veux pas penser à cela...... c'est trop triste...

La sonnette de la chambre du vieux marin vibra.

A ce bruit, la ménagère dit au jeune homme, dont la physionomie avait alors une expression navrante :

— Voilà le commandant qui sonne... Pour l'amour de Dieu. Monsieur Olivier, n'ayez pas l'air triste, il se douterait de quelque chose.

— Soyez tranquille. Mais à propos, — reprit Olivier, — Gerald doit venir ce matin ; vous le ferez entrer...

— Bien, bien, Monsieur Olivier, allez tout de suite chez Monsieur, je vas préparer votre déjeûner... Dam ! Monsieur Olivier, — dit la ménagère avec un soupir, — faudra vous contenter... de...

— Brave et digne femme, — reprit le jeune soldat, sans la laisser achever. —

Est-ce que je n'ai pas toujours assez? Est-ce que je ne sais pas que vous vous privez pour moi?

— Ah! par exemple!... Mais tenez, voilà encore Monsieur qui sonne... courez donc.

En effet, Olivier, se hâta d'entrer chez le vétéran.

II

A la vue d'Olivier, les traits du vieux marin devinrent joyeux ; ne pouvant se lever de son fauteuil, il tendit affectueusement les deux mains à son neveu, en lui disant :

— Bonjour, mon enfant.

— Bonjour, mon oncle.

— Ah çà ! il faut que je te gronde.

— Moi, mon oncle ?

— Certainement,.. A peine arrivé d'avant-hier, te voilà déjà en course dès *l'aurore*... Ce matin, je m'éveille... tout heureux de ne pas m'éveiller seul, comme depuis deux mois;... je regarde du côté de ton lit... plus d'Olivier... déjà déniché !

— Mais, mon oncle...

— Mais, mon garçon, sur ton semestre, tu m'as volé près de deux mois d'absence ; un engrenage d'affaires avec ton maître maçon, m'as-tu dit... soit ; mais enfin, grâce au gain de ces deux mois, te voilà riche à cette heure, tu dois être au moins millionnaire... aussi, j'entends jouir de toi, je trouve que tu as assez gagné d'argent, vu que c'est pour moi que tu travailles. Je ne peux malheureusement pas t'empêcher de me faire des cadeaux... et Dieu sait ce qu'à cette heure tu complotes avec tes millions, monsieur *Mondor*;... mais je te déclare, moi, que si maintenant tu me laisses aussi souvent seul... qu'avant ton départ... je ne reçois plus rien de toi... rien absolument.

— Mon oncle... écoutez-moi...

— Tu n'as plus que deux mois à passer ici; je veux largement en profiter... A quoi bon travailler comme tu le fais? Est-ce que tu crois, par hasard, qu'avec une trésorière comme maman Barbançon, ma caisse n'est pas toujours garnie?... Il y a trois jours, je lui ai dit : — « Eh bien! madame l'inten-
« dante, où en sommes-nous? — Soyez tran-

« quille, Monsieur, m'a-t-elle répondu, — « soyez tranquille, — quand il n'y en a « plus, il y en a encore. » — J'espère qu'un caissier qui répond ainsi, c'est fièrement rassurant.

— Allons, mon oncle, — dit Olivier, voulant rompre cet entretien qui l'attristait et l'embarrassait, — je vous promets de vous quitter, désormais, le moins possible. Maintenant, autre chose... Pouvez-vous recevoir Gerald ce matin?

— Parbleu! Ah! quel bon et loyal cœur que ce jeune duc! Quand je pense que durant ton absence il est venu plusieurs fois me voir et fumer son cigare avec moi! Je souffrais comme un damné... mais il me mettait un peu de baume dans le sang. — Olivier n'est pas là, mon commandant, me disait ce digne garçon : c'est à moi d'être de planton auprès de vous.

— Bon Gerald! dit Olivier avec émotion.

— Oui..... va, il est bon..... car enfin un jeune homme du beau monde comme lui, quitter ses plaisirs, ses maîtresses, les amis de son âge, pour venir passer une ou deux heures avec un vieux podagre comme moi, c'est du bon cœur, cela... Mais je ne fais pas le fat... c'est à cause de toi que Gerald venait ainsi me voir, mon brave enfant... parce qu'il savait te faire plaisir.

— Non, non, mon oncle, — c'est pour vous, et pour vous seul, croyez-le bien...

— Hum... hum,..

— Il vous le dira lui-même tout à l'heure, car il m'a écrit hier, pour savoir s'il nous trouverait ce matin.

— Hélas ! il n'est que trop sûr de me trouver : je ne peux pas me bouger de mon fauteuil, et tu vois la triste preuve de mon inaction, — ajouta le vieux marin en montrant à son neveu ses plates-bandes desséchées et envahies par les mauvaises herbes ; — mon pauvre jardinet est rôti, par ces chaleurs dévorantes. Maman Barbançon est trop faible, et d'ailleurs... ma maladie l'a mise sur les dents... la digne femme. J'avais parlé de faire venir le portier tous les deux jours en lui donnant un pour-boire ; mais il faut voir comment elle m'a reçu : — Introduire des étrangers dans la maison, — s'estelle écriée, — pour tout mettre au pillage, tout saccager! — enfin, tu la connais, cette excellente diablesse... je n'ai pas osé insister... aussi tu vois dans quel état sont mes chères plates-bandes, naguères encore si fleuries.

— Rassurez-vous, mon oncle... me voici de retour, je serai votre premier garçon jardinier; dit gaîment Olivier; —j'y avais pensé, et sans une affaire qui m'a fait sortir ce matin de très bonne heure, vous auriez vu à votre réveil votre jardin débarrassé de ses mauvaises herbes et frais comme un bouquet couvert de rosée... mais demain matin... suffit... je ne vous dis que cela.

Le commandant allait remercier Olivier lorsque madame Barbançon ouvrit la porte et demanda si **M.** Gerald pouvait entrer.

— Je le crois pardieu bien qu'il peut entrer! — s'écria gaîment le vieux marin pendant qu'Olivier allait au devant de son ami.

Tous deux rentrèrent bientôt.

— Enfin! Dieu soit loué, monsieur Gerald, — dit le vétéran au jeune duc, en lui montrant Olivier, — son maître maçon nous l'a rendu!

— Oui, mon commandant, et ce n'est pas sans peine, — reprit Gerald, — ce diable d'Olivier ne devait s'absenter que pendant une quinzaine... et il nous manque pendant deux mois!

— C'était un cahos sans fin que le relevé des travaux de ce brave homme, — reprit Olivier; — puis le régisseur du château... trouvant mon écriture belle, mes chiffres bien alignés, m'a proposé quelques travaux de comptabilité... et, ma foi... j'ai accepté... Mais maintenant... j'y pense, — ajouta Olivier, en paraissant se rappeler un souvenir, — sais-tu Gerald, à qui appartient ce magnifique château, où je suis resté pendant deux mois?

— Non... à qui?

— Parbleu! à la *marquise de Carabas*!

— Quelle marquise de Carabas?

— Cette héritière si riche, dont tu nous a parlé avant ton départ; te souviens-tu?

— Mademoiselle de Beaumesnil!... — s'écria Gerald stupéfait.

— Justement... cette superbe terre lui appartient, et elle rapporte cent vingt mille livres de rentes... Il paraît que cette petite millionnaire a des propriétés pareilles par douzaines...

— Excusez du peu! — dit le vetéran, — j'en reviens toujours là : que diable peut-on faire de tant d'argent?

— Ah! pardieu... — reprit Gerald, — le rapprochement est étrange, je n'en reviens pas!

— Qu'y a-t-il donc de si étrange à cela, Gerald?

— C'est qu'il s'agit pour moi d'un mariage avec mademoiselle de Beaumesnil.

— Ah çà !... monsieur Gerald, — dit simplement le vétéran, — l'envie de vous marier vous a donc pris depuis que je vous ai vu ?...

— Tu aimes donc mademoiselle de Beaumesnil ? — demanda non moins naïvement Olivier.

Gerald, d'abord surpris de ces questions, reprit ensuite d'un moment de réflexion :

— C'est juste !... vous devez parler ainsi, mon commandant... toi aussi, Olivier... et parmi tous ceux que je connais, vous êtes les seuls... oui... car j'aurais dit à mille autres qu'à vous : On me propose d'épouser *la plus riche héritière de France ;* tous m'auraient répondu sans s'inquiéter du reste... *Épousez... c'est un superbe mariage... épousez !*

Et après une nouvelle pause, Gerald reprit :

— Ce que c'est que la droiture... pourtant, comme c'est rare !...

— Ma foi... — reprit le vétéran, — je ne croyais pas, monsieur Gerald, vous avoir dit quelque chose de rare..... Olivier pense comme moi, n'est-ce pas, mon garçon ?

— Oui, mon oncle... Mais qu'as-tu donc, Gerald ? te voilà tout pensif.

—C'est vrai... voici pourquoi, — dit le jeune duc, dont les traits prirent une expression plus grave que d'habitude, — j'étais venu ce matin pour vous faire part de mes projets de mariage, au commandant et à toi, Olivier, comme à de bons et sincères amis.

— Quant à ça, vous n'en avez pas de meilleurs, monsieur Gerald, — dit le vétéran.

— J'en suis certain, mon commandant; aussi... je ne sais quoi... me dit que j'ai doublement bien fait de venir vous confier mes projets.

— C'est tout simple, — reprit Olivier, — ce qui l'intéresse... nous intéresse...

— Voici donc ce qui s'est passé, — dit Gerald, en répondant par un geste amical aux paroles de son ami : — Hier, ma mère, éblouie par l'immense fortune de mademoiselle de Beaumesnil, m'a proposé d'épouser... cette jeune personne... ma mère se dit certaine du succès, si je veux suivre ses conseils... mais pensant à ma bonne vie de garçon et à mon indépendance... d'abord j'ai refusé.

— Parbleu ! — dit le vieux marin, — vous n'avez pas de goût pour le mariage... des millions de millions ne devaient pas changer votre résolution.

— Attendez... mon commandant, — reprit Gerald avec un certain embarras, — mon refus a irrité ma mère... elle m'a traité d'aveugle, d'insensé ; puis enfin à sa colère a succédé un si grand chagrin, que, la voyant désolée de mon refus...

— Tu as accepté ce mariage? — dit Olivier.

— Oui... — répondit Gerald.

Et remarquant un mouvement de surprise du vieux marin, Gerald ajouta :

— Mon commandant, ma résolution vous étonne?

— Oui, monsieur Gerald.

— Pourquoi cela? parlez-moi franchement.

— Eh bien! monsieur Gerald, si vous vous résignez à vous marier contre votre gré,—répondit le vétéran d'un ton à la fois affectueux et ferme, — et cela seulement pour ne pas chagriner votre mère, je crois que vous avez tort... car, tôt ou tard, votre femme souffrira de la contrainte que vous vous imposez aujourd'hui... et l'on ne doit pas se marier pour rendre une femme malheureuse... Est-ce ton avis, Olivier?

— C'est mon avis, mon oncle.

— Mais, mon commandant, voir pleurer ma mère, qui met tout son espoir dans ce mariage?

— Mais voir pleurer votre femme, monsieur Gerald?... Au moins votre mère a votre tendresse pour se consoler... votre femme, pauvre orpheline qu'elle est, qui la consolera? personne... ou bien elle fera comme tant d'autres... elle se consolera avec des amants qui ne vous vaudront pas, monsieur Gerald... ils la tourmenteront... ils l'aviliront peut-être... autre chance de malheur pour la pauvre créature.

Le jeune duc baissa la tête et ne répondit rien.

— Vous voyez, monsieur Gerald, — reprit le commandant, — vous nous avez demandé d'être sincères... nous le sommes... parce que nous vous aimons sincèrement...

— Je n'ai pas douté de votre franchise... mon commandant; aussi, je dois vous dire, pour ma défense, qu'en consentant à ce mariage, je n'ai pas seulement cédé au désir de me rendre aux vœux de ma mère... un autre sentiment m'a guidé... et ce sentiment, je le crois généreux... Tu te souviens, Olivier, que je t'ai parlé de Macreuse ?

— Ce pauvre garçon qui crevait les yeux des oiseaux à coups d'épingles, — s'écria le vétéran, que cette circonstance avait singulièrement frappé, — cet hypocrite qui est maintenant enrôlé dans la clique des sacristains ?

— Lui-même, mon commandant..... eh bien ! il se met sur les rangs pour épouser mademoiselle de Beaumesnil.

— Macreuse ! — s'écria Olivier. — Ah ! pauvre jeune fille... Mais il n'a aucune chance... n'est-ce pas, Gerald ?

— Ma mère dit que non, mais moi je

crains que si, car la sacristie pousse Macreuse, et elle pousse ferme, haut et loin.

— Un tel gredin... réussir! — s'écria le vétéran, — ce serait indigne...

— Et c'est parce que cela m'a indigné, révolté comme vous, mon commandant, que, déjà ébranlé par le chagrin de ma mère, je me suis décidé à ce mariage, pour faire pièce à ce misérable... Macreuse...

— Mais ensuite, monsieur Gerald... — dit le vétéran, — vous avez réfléchi, n'est-ce pas? qu'un honnête garçon comme vous ne se marie pas seulement pour plaire à sa mère et faire pièce à un rival... ce rival fût-il un M. Macreuse.

— Comment! mon commandant, — dit

Gerald surpris, — il vaut mieux laisser ce misérable épouser mademoiselle de Beaumesnil, qu'il ne convoite que pour son argent?

— Pas du tout, — reprit le vétéran, — il faut tâcher d'empêcher une indignité quand on le peut, et si j'étais à votre place, monsieur Gerald...

— Que feriez-vous, mon commandant?

— Quelque chose de bien simple... J'irais d'abord trouver ce M. Macreuse, et je lui dirais : « Vous êtes un gredin, et comme les
« gredins ne doivent pas épouser des héri-
« tières, pour les rendre malheureuses com-
« me des pierres... je vous défends et je vous
« empêcherai d'épouser mademoiselle de

« Beaumesnil; je ne la connais pas, je ne
« pense pas à elle, mais elle m'intéresse,
« parce qu'elle est exposée à devenir votre
« femme... or, c'est, pour moi, comme si
« elle allait être mordue par un chien en-
« ragé; je vas donc de ce pas la prévenir
« que vous êtes pis qu'un chien enragé. »

— C'est cela, mon oncle! à merveille! — dit Olivier.

Gerald lui fit signe de laisser parler le vétéran, qui continua :

— J'irais ensuite tout bonnement trouver mademoiselle de Beaumesnil, et je lui dirais :
« Ma chère demoiselle, il y a un M. de Ma-
« creuse qui veut vous épouser pour votre
« argent; c'est une vraie canaille : je vous

« le prouverai quand vous voudrez, et cela
« en face de lui ; faites votre profit du con-
« seil ; il est désintéressé, car je n'ai pas,
« moi, l'idée de me marier avec vous ; mais
« entre honnêtes gens on doit se signaler les
« gueux. » Dame !... monsieur Gerald,—reprit le commandant, — mon moyen est un peu matelot... mais il n'en est pas plus mauvais... pensez-y...

— Que veux-tu, Gerald ? — reprit Olivier, — les procédés de mon oncle quoiqu'un peu rudes... vont droit au but... Maintenant, toi qui connais autant le monde que moi et mon oncle le connaissons peu... si tu arrives aux mêmes résultats par des moyens moins violents, cela... vaudra sans doute mieux...

Gerald, de plus en plus frappé du bon sens

et de la franchise du vétéran, l'avait attentivement écouté.

— Merci, mon commandant, — lui dit-il en lui tendant la main ; — après tout, vous et Olivier, vous m'empêchez de faire une vilenie... d'autant plus dangereuse, que je l'avais colorée d'assez beaux semblants : rendre ma mère la plus heureuse des femmes, empêcher mademoiselle de Beaumesnil d'être la victime d'un Macreuse... tout cela d'abord m'avait paru superbe... Je me trompais... je ne tenais aucun compte de l'avenir de cette jeune fille, que je pouvais rendre très malheureuse... peut-être même subissais-je, à mon insu, la fascination de l'héritage...

— Quant à cela, Gerald, tu te trompes...

— Ma foi ! je n'en sais rien, mon pauvre Olivier ; aussi, pour être à l'abri de toute tentation, je reviens à ma première résolution... pas de mariage. Je ne regrette qu'une chose dans ce changement de projets, — ajouta Gerald avec émotion, — c'est le vif chagrin que je vais causer à ma mère ;... heureusement, plus tard elle m'approuvera...

— Écoute donc, Gerald, — reprit Olivier qui était resté un moment pensif ; — il ne faut pas, sans doute, comme dit mon oncle, agir mal pour plaire à sa mère... Pourtant, c'est si bon... une mère... ça vous serre tant le cœur lorsqu'on la voit triste et pleurer : aussi pourquoi ne tâcherais-tu pas de la satisfaire sans rien sacrifier de tes convictions d'honnête homme ?

— Bien, mon garçon, — dit le vétéran ;— mais comment faire ?

— Explique-toi, Olivier.

— Tu n'as aucun goût pour le mariage ?

— Non.

— Tu n'as jamais vu mademoiselle de Beaumesnil ?

— Jamais.

— Donc tu ne peux pas l'aimer... c'est tout simple... Mais qui te dit que si tu la voyais, tu n'en deviendrais pas amoureux ? La vie de garçon te plait au-dessus de tout, soit. Mais pourquoi mademoiselle de Beaumesnil ne te donnerait-elle pas le goût du mariage ?

— C'est juste, tu as raison, Olivier, — reprit le vétéran, — il faut voir cette demoiselle avant de refuser, monsieur Gerald... et peut-être, comme dit Olivier, le goût du mariage vous prendra.

— Impossible, mon commandant, ce goût ne se donne pas, — dit gaîment Gerald, — c'est dans le sang... L'on naît mari... comme on naît borgne ou boîteux; et puis enfin, autre considération, la plus grave de toutes, à laquelle je songe maintenant; il s'agit de *la plus riche héritière de France.*

— Eh bien! — dit Olivier, — qu'est-ce que cela fait?

— Cela fait beaucoup, — reprit Gerald; — car enfin j'admets que mademoiselle de

Beaumesnil me plaît infiniment... J'en deviens amoureux fou, elle partage cet amour... soit..... mais elle m'apporte une fortune royale, et moi je n'ai rien, car mes pauvres douze mille livres de rentes sont une goutte d'eau dans l'océan de millions de mademoiselle de Beaumesnil. Eh bien! que pensez-vous de cela, mon commandant? cela n'est-il pas dégradant, d'épouser une femme qui vous donne tout... à vous qui n'avez rien, et alors, si vrai que soit votre amour, n'avez-vous pas l'air de vous marier par cupidité? Tenez, savez-vous ce que l'on dirait : Mademoiselle de Beaumesnil a voulu être duchesse, Gerald de Senneterre n'avait pas le sou, il a vendu son titre et son nom... avec sa personne par-dessus le marché.

A ces paroles, l'oncle regarda son neveu d'un air assez embarrassé.

III

Gerald reprit en souriant :

— J'en étais sûr, mon commandant, il y a dans cette choquante inégalité de fortune quelque chose de si blessant pour l'orgueil d'un honnête homme, que vous en êtes frappé comme moi ;... votre silence me le prouve.

— Le fait est, — reprit le vétéran après un moment de silence, — le fait est que je ne sais pourquoi la chose me paraîtrait toute simple, si c'était l'homme qui apportât la fortune.... et que la femme n'eût rien.

Puis le vieux marin ajouta en souriant avec bonhomie :

— C'est peut-être une niaiserie que je dis là monsieur Gerald.

— Au contraire, votre pensée est dictée par la plus noble délicatesse, mon commandant, — reprit Gerald. — On conçoit qu'une jeune fille sans fortune, mais charmante, remplie de grâces, de qualités, épouse un homme immensément riche... tous deux sont sympathiques; mais qu'un homme qui n'a rien, épouse une femme qui a tout...

— Ah çà! mon oncle... et toi, Gerald, — reprit Olivier en interrompant son ami, qu'il avait attentivement écouté, — vous n'êtes pas le moins du monde dans la question...

— Comment cela?

— Vous admettez, et j'admets comme vous, qu'une jeune fille pauvre soit... et reste très sympathique, quoiqu'elle épouse un homme immensément riche;... mais, cette sympathie, elle ne l'acquiert qu'à la condition d'aimer sincèrement l'homme qu'elle épouse.

— Parbleu! — dit Gerald, — si elle cède à un sentiment de cupidité... cela devient un calcul ignoble...

— Tout ce qu'il y a de plus honteux, — ajouta le vieux marin.

— Eh bien! alors, — reprit Olivier, — pourquoi un homme pauvre... puisque, en effet, Gerald, tu es pauvre.... auprès de mademoiselle de Beaumesnil, pourquoi, dis-je, serais-tu blâmable en épousant cette jeune fille, si tu l'aimais sincèrement, malgré ses millions, si tu l'aimais enfin comme si elle était sans nom et sans fortune?

— C'est juste, monsieur Gerald, — reprit le commandant, — dès qu'on aime en honnête homme, et que l'on a la conscience d'aimer, non l'argent, mais la femme... on est tranquille;... que peut-on avoir à se reprocher? Enfin, moi, je vous conseille de voir d'abord mademoiselle de Beaumesnil ; vous vous déciderez après.

— En effet... — reprit Gerald, — c'est, je crois, le meilleur parti à prendre : il concilie tout... Ah ! pardieu, que j'ai bien fait de venir causer de mes projets avec vous, mon commandant... et avec toi, Olivier !

— Ah çà ! voyons, monsieur Gerald, vraiment est-ce que, dans votre grand et beau monde, il n'y a pas une foule de personnes qui vous auraient dit ce que moi et Olivier venons de vous dire ?

— Dans le grand monde ? — reprit Gerald en haussant les épaules, puis il ajouta : — et c'est d'ailleurs la même chose dans la bourgeoisie... si ce n'est pis encore : partout enfin on ne connaît qu'une chose... l'argent.

—Et comment diable! Olivier et moi aurions nous une grâce d'État, monsieur Gerald, et serions-nous autrement que tout le monde?

— Pourquoi? — dit Gerald avec émotion, — parce que vous, mon commandant... pendant quarante ans, vous avez vécu de votre vie de marin, vie rude et pauvre.. périlleuse, désintéressée; parce que, dans cette vie là, vous avez pris la forte habitude de la résignation et du contentement de peu; parce qu'ignorant toutes les lâches complaisances du monde, vous regardez comme aussi misérable... un homme qui se marie pour de l'argent, qu'un homme qui vole au jeu ou qui recule au feu; est-ce vrai mon commandant?

L'ORGUEIL. 59

— Pardieu ! monsieur Gerald, c'est tout simple... cela...

— Oui, tout simple... pour vous, pour Olivier, car il a vécu comme moi, plus longtemps que moi, de cette vie de soldat... qui enseigne le renoncement et la fraternité..... n'est-ce pas, Olivier ?

— Brave et bon Gerald, — dit le jeune homme aussi ému que son ami, — mais, avoue-le... ta générosité naturelle... la vie de soldat l'a peut-être développée davantage ; mais elle ne te l'a pas donnée. Toi seul peut-être, sur tant de jeunes gens de ton rang, tu étais capable de croire faire une sorte de lâcheté en envoyant un pauvre diable à la guerre se faire tuer à ta place... toi seul aussi, parmi tant d'autres... tu éprouves des scrupules au sujet d'un mariage que tous voudraient contracter à n'importe quel prix !

— Ne vas-tu pas maintenant me faire des compliments? — répondit Gerald en souriant. — Allons, c'est convenu, je verrai mademoiselle de Beaumesnil... les circonstances feront le reste... ma ligne est tracée... je n'en dévierai pas... je vous le jure...

— Bravo, mon cher Gerald, — reprit gaîment Olivier, — je te vois marié, amoureux et heureux en ménage ; c'est un bonheur qui en vaut bien un autre... va ! Et moi qui, ne sachant rien de tes projets, avais hier, en arrivant, demandé à madame Herbaut la permission de lui présenter un digne garçon, un ancien camarade de régiment, et madame

Herbaut t'avait accepté... à ma toute-puissante recommandation.

— Comment ! elle m'*avait* accepté, — dit Gerald en riant, — est-ce que tu me regardes déjà comme mort et enterré... tu peux bien dire qu'elle m'*a* accepté, et je te réponds que j'userai de l'acceptation.

— Comment... tu veux ?

— Certainement.

— Mais tes projets de mariage ?

— Raison de plus ! .

— Explique-toi.

— C'est bien simple : plus j'aurai de raisons d'aimer la vie de garçon, plus il faudra que j'aime mademoiselle de Beaumesnil pour renoncer à mes plaisirs, et moins je me tromperai sur le sentiment qu'elle m'inspirera ; ainsi c'est convenu, tu me présentes chez madame Herbaut, et, pour me rendre encore plus fort... toujours contre la tentation, je deviens amoureux d'une des rivales, ou même d'une des satellites de cette fameuse *duchesse* dont le nom est pour moi un épouvantail... et dont je te soupçonne fort.... d'être épris.

— Allons, Gerald... tu es fou.

— Voyons, sois franc, me crois-tu capable d'aller sur tes brisées ? Comme s'il n'y avait que la *duchesse* au monde ! Souviens-toi donc de cette jolie petite femme d'un gros employé des vivres... Tu n'as eu qu'un mot à dire, je t'ai laissé le champ libre.... et pendant que le mari allait visiter son parc de bêtes à cornes...

— Comment, encore une autre! — s'écria le commandant, en s'adressant à Gerald, — mais c'est donc un enragé que mon neveu?

— Ah! mon commandant, si vous saviez quelles razzias de cœurs il faisait en Algérie, le scélérat! La charmante tribu de madame Herbaut n'a qu'à joliment se tenir sur ses gardes, allez!... si elle ne veut pas être ravagée par Olivier.

— Mais, double fou que tu es, je n'ai aucun mauvais dessein sur cette charmante tribu, comme tu dis... — reprit gaîment

Olivier; — mais sérieusement tu veux que je te présente à madame Herbaut?

— Oui, certes, répondit Gerald.

Et, s'adressant au vieux marin :

— Il ne faut pas à cause de cela, mon commandant, me prendre pour un écervelé... J'ai accepté vos conseils d'ami, à propos d'un mariage, direz-vous ; et je termine l'entretien, en priant Olivier de me présenter chez madame Herbaut... Eh bien ! si étrange que cela vous doive paraître, mon commandant, je dirai, non plus en plaisantant, mais sérieusement cette fois, que moins je changerai mes habitudes, plus il faudra, pour les abandonner, que mon amour pour mademoiselle de Beaumesnil soit sincère.

— Ma foi, monsieur Gerald, — reprit le vétéran, — j'avoue qu'au premier abord, vos raisons semblent bizarres; mais, en y réfléchissant, je les trouve justes. Il y aurait peut-être une sorte de préméditation hypocrite à rompre d'avance avec une vie qui vous plaît depuis si longtemps...

— Maintenant, Olivier, viens me présenter à la tribu de madame Herbaut, — dit gaîment Gerald. — Adieu, mon commandant, je vous reviendrai bientôt et souvent... Que voulez-vous? ce n'est pas pour rien que vous êtes mon *confesseur*.

— Et vous voyez que je ne suis pas un gaillard commode pour l'absolution et pour les arrangements de conscience, — reprit gaîment le vieux marin. — A bientôt donc, monsieur Gerald, vous me tiendrez au courant des choses de votre mariage, n'est-ce pas ?

— C'est maintenant un droit, pour moi.... de vous en parler, et je n'y manquerai pas, mon commandant. Ah ! mais j'y pense, — dit Gerald,—j'ai à vous rendre compte d'une commission dont vous m'avez chargé, monsieur Bernard. Tu permets, Olivier ?

— Comment donc ! — dit le jeune soldat, en se retirant.

— Bonne nouvelle ! mon commandant, — dit tout bas Gerald, — grâce à mes démarches, et surtout à la recommandation du marquis de Maillefort, la nomination d'Olivier comme sous-lieutenant, est presque assurée.

— Ah! monsieur Gerald, serait-il possible?

— Nous avons le plus grand espoir, car on a su qu'on devait faire à M. de Maillefort des propositions pour être député, ce qui a doublé son influence.

— Monsieur Gerald, — dit le vétéran, très ému, — comment jamais reconnaître...

— Je me sauve, mon commandant, — répondit Gerald, pour se soustraire aux remercîments du vieillard, — je cours rejoindre Olivier : un plus long entretien éveillerait ses soupçons.

— Ah! tu as des secrets avec mon oncle, toi! — dit gaîment Olivier à son ami.

— Je crois bien, je suis, tu le sais, un

homme tout mystère... et avant de nous rendre chez madame Herbaut, il faut que je te demande un service très mystérieux.

— Voyons ?

— Toi, qui connais le quartier et les environs, ne pourrais-tu pas m'indiquer un petit logement dans une rue très retirée, mais en dedans de la barrière ?

— Comment ! — dit Olivier, en riant, — tu veux abandonner le faubourg Saint-Germain, et devenir *Batignollais ?* C'est charmant.

— Ecoute-moi donc... tu conçois que demeurant chez ma mère, je ne peux pas recevoir de femmes chez moi...

— Ah ! très bien !...

— J'avais un mystérieux *pied-à-terre*....

— J'aime ce mot, il est décent...

— Laisse-moi donc parler. J'avais un petit pied-à-terre très convenable... mais la maison a changé de propriétaire, et le nouveau est si féroce à l'endroit des mœurs, qu'il m'a donné congé, et mon terme finit après-demain ; voilà donc mes amours sur le pavé, ou réduits à s'abriter derrière les stores des citadines, à affronter le sourire narquois des cochers... c'est désolant.

— Au contraire, cela se trouve à merveille ; tu vas te marier, on t'a donné congé... donne à ton tour congé... à tes amours...

— Olivier, tu sais mes principes, ton oncle les approuve ; je ne veux à l'avance rien changer aux habitudes de ma vie de garçon, et si mon mariage ne se faisait pas, malheureux ! songe que je me trouverais sans *pied-à-terre* et sans amours... Non... non... je suis beaucoup trop prévoyant, trop rangé pour donner dans ces désordres et ne pas conserver... une poire pour la soif.

— *Poire pour la soif,* est très joli ; allons, tu es un homme de précautions. Eh bien ! soit, en allant et venant, je te promets de regarder les écriteaux...

— Deux petites pièces avec une entrée, c'est tout ce qu'il me faut... tu sens bien que je vais m'en occuper de mon côté ; tout-à l'heure en sortant de chez madame Herbaut, je vais flâner dans les environs, car ça presse... c'est après-demain le terme fatal... c'est par grâce que j'ai obtenu quelques jours de répit... Dis donc, Olivier, si je découvre par ici ce qu'il me faut...

Ça fait que dans le même quartier,
Je trouverai l'amour et l'amitié !...

— Cette profonde réflexion ressemble beaucoup à une devise de mirliton... mais c'est égal... la vérité n'a pas besoin d'ornements... Sur ce... en avant chez madame Herbaut !

— Ah çà ! tu y tiens décidément... réfléchis bien...

— Olivier, tu es insupportable.... je me

présente tout seul si tu ne m'accompagnes pas...

— Allons, le sort en est jeté, il est convenu que tu es M. Gerald Senneterre, un ancien camarade de régiment.

— Senneterre... non, ça serait imprudent, j'aime mieux : *Gerald Auvernay,* car je suis aussi orné du marquisat *d'Auvernay...* tel que tu me vois, mon pauvre Olivier.

— Bien... tu es monsieur Gerald Auvernay, c'est entendu... Ah ! diable !

— Qu'as-tu donc ?

— Qu'est-ce que tu vas être à cette heure ?

— Comment ce que je vais être ?

— Oui, ton état?

— Mon état? Mais célibataire jusqu'à nouvel ordre...

— Je ne peux pas te présenter chez madame Herbaut comme un jeune homme qui vit des rentes qu'il a amassées... au régiment. Madame Herbaut ne reçoit pas de flâneurs; tu éveillerais ses soupçons, car la digne femme se défie en diable des gens qui n'ont rien à faire qu'à courtiser les jolies filles, vu qu'elle en a... de jolies filles.

— C'est très amusant. Eh bien!... qu'est-ce que tu veux que je sois?...

— Dam! je ne sais pas trop, moi!

— Voyons, — dit Gerald en riant, — veux-tu... veux-tu... pharmacien?

— Va pour pharmacien, allons, viens...

— Pas du tout. Je plaisante... tu acceptes cela tout de suite, toi! Pharmacien... quel dangereux ami tu es.......

— Gerald, je t'assure... qu'il y a de petits pharmaciens très gentils.

— Laisse-moi donc tranquille, c'est toujours de la famille des apothicaires... je n'oserais regarder en face aucune des jolies filles qui viennent chez madame Herbaut.

— Eh bien!... fou que tu es... cherchons autre chose : Clerc de notaire !.... Hein? cela te va-t-il?

— A la bonne heure !... ma mère a un interminable procès... je vais quelquefois voir pour elle son notaire et son avoué... J'étudierai le clerc sur nature... je me serai enrôlé dans le régiment de la bazoche en sortant des chasseurs d'Afrique... ça va tout seul !...

— Allons, c'est dit, suis-moi... je vais te présenter comme Gerald Auvernay, clerc de notaire...

— Premier clerc de notaire ! — dit Gerald avec emphase.

— Ambitieux, va !...

Gerald, présenté chez madame Herbaut, fut, grâce à Olivier, accueilli par elle avec la plus aimable cordialité.

Dans l'après-midi de ce même jour, le terrible M. Bouffard vint chercher l'argent dont lui était redevable le commandant Bernard, pour le terme échu ; madame Barbançon le paya, résistant à grande peine au malin plaisir de *rissoler* quelque peu les ongles de ce féroce propriétaire, ainsi qu'elle le disait ingénuement.

Malheureusement, l'argent que venait de recevoir M. Bouffard, loin de le rendre moins âpre à ses recouvrements, lui donna une nouvelle énergie, et, persuadé que sans ses grossières et opiniâtres poursuites il n'eût pas été payé de madame Barbançon, il se dirigea en hâte vers la rue de Monceau, où demeurait Herminie, bien résolu de redoubler de dureté envers la pauvre jeune fille, afin de la forcer à payer le terme qu'elle lui devait.

IV

Herminie, demeurait rue de Monceau, dans l'une des nombreuses maisons dont M. Bouffard était propriétaire, occupait, au rez-de-chaussée, une chambre précédée d'une petite entrée, qui donnait sous la voûte de la porte cochère ; les deux fenêtres s'ouvraient sur un joli jardin, entouré d'un côté d'une haie vive, de l'autre d'une palissade treillagée, qui le séparait d'une ruelle voisine.

La jouissance de ce jardin dépendait d'un assez grand appartement du rez-de-chaussée, alors inoccupé, ainsi qu'un autre logement du troisième étage, *non valeurs* qui augmentaient encore la mauvaise humeur de M. Bouffard à l'endroit des locataires arriérés.

Rien de plus simple et de meilleur goût que la chambre de *la duchesse.*

Une toile de Perse d'un prix modique, mais d'un dessin et d'une fraîcheur charmante, tapissait les murailles et le plafond de cette pièce assez élevée; pendant le jour, d'amples draperies de même étoffe cachaient l'alcôve, ainsi que deux portes vitrées y attenant : l'une était celle d'un cabinet de toilette; l'autre s'ouvrait sur l'entrée, espèce d'antichambre de six pieds carrés ; les rideaux de Perse, doublés de guingan rose, voilaient à demi les fenêtres garnies de petits rideaux de mousseline, relevés par des nœuds de rubans ; un tapis fond blanc semé de gros bouquets de fleurs (ça avait été la plus grosse dépense de l'ameublement) couvrait le plancher ; la housse de cheminée, merveilleusement brodée par Herminie, était bleu clair, avec un semis de roses et de paquerettes; deux petits flambeaux d'un goût exquis, moulés sur des modèles de Pompéï, accompagnaient une pendule faite d'un socle de marbre blanc surmonté de la statuette de

Jeanne d'Arc; enfin, à chaque bout de la tablette de cheminée, deux vases de grès verni (précieuse invention) du galbe étrusque le plus pur, contenaient de gros bouquets de roses récemment achetées, qui répandaient dans cette chambre leur senteur suave et fraîche.

Cette modeste garniture de cheminée en grès et en fonte de zinc, conséquemment de nulle valeur matérielle, avait, au plus, coûté cinquante ou soixante francs; mais, au point de vue de l'art et du goût, elle était irréprochable.

En face de la cheminée, on voyait le piano d'Herminie, son *gagne-pain;* entre les deux fenêtres, une table à colonnes torses, surmontée d'un vieux dressoir en noyer, servait de bibliothèque ; la *duchesse* y avait placé quelques auteurs de prédilection et les livres qu'elle avait reçus *en prix* à sa pension.

Çà et là, suspendues le long de la tapisserie, par des câbles de coton, on voyait dans de simples cadres de sapin verni, aussi brillant que le citronnier, quelques gravures du meilleur choix, parmi lesquelles on remarquait *Mignon regrettant la patrie* et *Mignon aspirant au ciel*, d'après Scheffer, placés en pendant de chaque côté de la *Françoise de Rimini*, du même et illustre peintre ; enfin, aux deux angles de la chambre, de petites étagères de bois noir supportaient plusieurs statuettes de plâtre, réduites d'après ce que l'art grec a laissé de plus idéal ; une ancienne commode en bois de rose, achetée pour peu de chose chez un brocanteur des Batignolles; deux jolies chaises de tapisserie, ouvrage d'Herminie, ainsi qu'un fauteuil recouvert de satin gros vert, dont la broderie de soie, nuancée des plus vives couleurs, représentait des fleurs et des oiseaux, complétaient l'ameublement de cette chambre.

A force d'intelligence, d'ordre et de travail, Herminie, guidée par un goût exquis, était parvenue à se créer à peu de frais cet entourage élégant et choisi.

S'agissait-il de soins ou de détails qui eussent répugné à cette orgueilleuse *duchesse?* s'agissait-il de la cuisine, par exemple? Herminie avait échappé à cet embarras, en s'adressant à la portière de sa maison, qui, pour un modique abonnement, lui servait chaque jour une tasse de lait le matin, et le soir un excellent potage accompagné d'un plat de légumes et de quelques fruits, nourriture frugale qui devenait des plus appétissantes, lorsqu'elle était rehaussée de toute la coquette propreté du petit couvert d'Herminie, car, si *la duchesse* ne possédait que deux tasses et six assiettes, elles étaient d'une porcelaine choisie, et lorsque, sur sa table ronde, recouverte d'une serviette éblouissante, *la duchesse* avait placé sa carafe et son verre de fin cristal, ses deux uniques couverts d'argent bien brillants et son assiette de porcelaine à fond blanc, semé de fleurs bleues et roses, les mets les plus simples semblaient, avons-nous dit, des plus appétissants.

Mais, hélas! et au grand chagrin d'Herminie, ses deux couverts d'argent et sa montre, seuls objets de luxe matériel qu'elle eût jamais possédés, étaient alors *en gage* au *Mont-de-Piété*, où elle avait été obligée de les faire mettre, par la portière de la maison; la jeune fille n'avait pas eu d'autre moyen de subvenir aux frais journaliers de sa maladie et de se procurer une faible somme d'argent, dont elle vivait, en attendant le salaire de plusieurs leçons qu'elle avait recommencé à donner ensuite d'une interruption forcée de près de deux mois.

Ce fatal arriéré causait la gêne extrême d'Herminie et l'impossibilité où elle se voyait de payer cent quatre-vingts francs qu'elle devait au terrible M. Bouffard...

Cent quatre-vingts francs !...

Et la pauvre enfant possédait environ quinze francs, avec lesquels il lui fallait vivre presque tout le mois.

Ainsi qu'on le pense, le seuil de la porte d'Herminie était vierge des pas d'un homme.

La duchesse, libre et maîtresse de son choix, n'avait jamais aimé... quoiqu'elle eût inspiré plusieurs passions sans le vouloir et même à regret, trop orgueilleuse pour s'abaisser jusqu'à la coquetterie, trop généreuse pour se jouer des tourments d'un amour malheureux.

Aucun de ses soupirants n'avait donc plu à Herminie, malgré la loyauté de leurs offres matrimoniales, appuyées, chez plusieurs, sur une certaine aisance, car quelques-uns appartenaient au commerce, tandis que d'autres étaient artistes comme la jeune fille, ou bien encore commis de magasin, teneurs de livres, etc., etc.

La duchesse devait apporter dans le choix de son amant, ce goût épuré, ce tact délicat qui la caractérisaient, mais il est inutile de dire qu'infime ou élevée, la condition de l'homme qu'elle eût aimé, n'aurait en rien influencé l'amour de la jeune fille ; elle savait par elle-même (et elle s'en glorifiait) tout ce que l'on trouve parfois d'élévation et de distinction natives parmi les positions sociales les plus modestes et les plus précaires; aussi, ce qui l'avait jusqu'alors choquée dans ses prétendants, c'était de ces imperfections puériles, dira-t-on, inappréciables même pour toute autre que *la duchesse*... mais, pour elle, invinciblement antipathiques : chez les uns, ça avait été une trop bruyante et trop grosse jovialité ; chez les autres, des manières libres ou vulgaires ; chez celui-ci un timbre de voix brutal, chez celui-là une tournure ridicule.

Quelques-uns de ces *repoussés* possédaient néanmoins d'excellentes qualités de cœur ou d'esprit ; Herminie avait été la première à le reconnaître ; elle tenait ceux-là pour les meilleurs et les plus dignes garçons du monde, elle leur accordait franchement son estime, au besoin même son amitié, mais son amour..., non.

Et, ce n'était pas par dédain, par folle ambition de cœur, qu'Herminie les refusait, mais simplement, ainsi qu'elle le disait elle-même à ses désespérés ; « parce qu'elle ne
« ressentait aucun amour pour eux, et
« qu'elle était décidée à rester fille toute sa
« vie, plutôt que de se marier sans éprou-
« ver un vif et profond amour. »

Et cependant, en raison même de son orgueilleuse et délicate susceptibilité, Herminie devait souffrir plus que personne des inconvénients parfois si pénibles et presque inévitables, inhérents à la position d'une jeune fille obligée de vivre seule, et forcément exposée à toutes les chances douloureuses que peuvent amener le manque de travail ou la maladie.

Depuis quelque temps, hélas! *la duchesse* expérimentait cruellement les conséquences de son isolement et de sa pauvreté.

L'*orgueil* et le caractère d'Herminie posés (*orgueil* qui avait poussé la jeune fille à rapporter fièrement, malgré sa pressante misère, les cinq cents francs que lui avait alloués la succession de madame de Beaumesnil), l'on comprendra avec quelle confusion mêlée d'effroi la pauvre enfant attendait le retour de M. Bouffard, car, ainsi qu'il l'avait dit à madame Barbançon, il devait faire dans l'après-dîner une dernière et décisive tournée chez ses locataires en retard.

Herminie cherchait les moyens de désintéresser cet homme insolent et brutal, mais ayant déjà donné en nantissement ses deux couverts d'argent et sa montre d'or, elle ne possédait plus rien qui pût être mis en gage : on ne lui eût pas prêté vingt francs sur sa modeste garniture de cheminée, de si bon goût qu'elle fût; et ses gravures, ainsi que ses statuettes de plâtre, n'avaient pas la moindre valeur vénale. Enfin, le linge qu'elle possédait, lui eût procuré un prêt bien minime.

En face de cette désolante position, Herminie, accablée, versait des pleurs amers, tremblant à chaque instant d'entendre l'impérieux coup de sonnette de M. Bouffard.

Noble cœur, généreuse nature!... Au milieu de ces cruelles perplexités... Herminie ne songea pas un instant à se dire qu'elle serait sauvée avec une part imperceptible de l'énorme superflu de sa sœur, dont elle avait visité la veille les somptueux appartements...

Si *la duchesse* vint à songer à sa sœur, ce fut pour chercher, dans l'espérance de la voir un jour, quelque distraction à son chagrin présent.

Et, de ce chagrin, Herminie n'accusait qu'elle-même : jetant des yeux pleins de larmes sur sa coquette petite chambre, la jeune fille se reprochait sincèrement ses folles dépenses.

Elle aurait dû,— pensait-elle, — épargner pour l'avenir et les cas imprévus, tels que la maladie ou le chômage de leçons, elle aurait dû se résigner à prendre un logement au quatrième étage, porte à porte avec des inconnus, à habiter, à peine séparée d'eux par une mince cloison, quelque chambre triste et nue, au carreau froid, aux murailles sordides ; elle aurait dû ne pas se laisser séduire par la riante vue d'un joli jardin, et par l'isolement du rez-de-chaussée qu'elle avait préféré ; elle aurait dû garder son argent, au lieu de l'employer à l'achat de ces objets d'art et de goût, seul charme, seuls compagnons de sa solitude, qui faisaient de sa chambre un délicieux réduit, où elle avait longtemps vécu heureuse, confiante dans sa jeunesse et dans son travail.

Qui lui eût dit, à elle si orgueilleuse, qu'il lui faudrait subir les grossières mais légitimes réclamations d'un homme à qui elle devait de l'argent... qu'elle ne pourrait pas payer... Etait-ce assez de honte?

Mais ces reproches, à la fois sévères et justes, à propos du passé, ne changeaient en rien le présent. Herminie se désolait assise dans son fauteuil, les yeux gonflés de larmes ; tantôt elle cédait à un morne accablement, tantôt elle tressaillait au moindre bruit... songeant à l'arrivée probable de M. Bouffard.

Enfin ces poignantes angoisses eurent un terme.

Un violent coup de sonnette se fit entendre.

— C'est lui... c'est le propriétaire!...

Murmura la pauvre créature en frémissant de tous ses membres.

— Je suis perdue... — ajouta-t-elle.

Et elle restait immobile de crainte.

Un second coup de sonnette, plus brutal encore que le premier, ébranla la porte de la petite entrée qui conduisait à la chambre.

Herminie essuya ses yeux, rassembla son courage, et, pâle, tremblante, elle alla ouvrir.

Elle ne s'était pas trompé... c'était M. Bouffard.

Ce glorieux représentant du *pays légal* ayant dépouillé l'uniforme du soldat citoyen, apparut bourgeoisement vêtu d'un paletot-sac de couleur grise.

— Eh bien ! — dit-il à la jeune fille en restant sur le seuil de la porte qu'elle lui avait ouverte d'une main mal assurée, — eh bien ! mon argent ?

— Monsieur...

— Voulez-vous me payer, oui ou non ? — s'écria M. Bouffard d'une voix si haute, qu'il fut entendu par deux personnes.

L'une était alors sous la porte cochère.....

L'autre montait au premier étage par l'escalier, dont les marches inférieures aboutissaient auprès de l'entrée du logement d'Herminie.

— Pour la dernière fois, voulez-vous me payer, oui ou non ? — répéta M. Bouffard d'une voix encore plus éclatante.

— Monsieur... de grâce ! — dit Herminie avec un accent suppliant, — ne parlez pas si haut... Je vous jure que si je ne puis vous payer... ce n'est pas ma faute...

— Je suis dans MA maison, et je parle comme je veux. Tant mieux si l'on m'entend.., ça servira de leçon... pour les autres locataires... qui s'aviseraient d'être en retard comme vous...

— Monsieur... je vous en conjure... entrez chez moi, — dit Herminie, accablée de honte, et en joignant les mains, — je vais vous expliquer...

— Eh bien!... voyons, quoi? qu'allez-vous m'expliquer?

Répondit M. Bouffard, en suivant la jeune fille dans sa chambre, dont il laissa la porte ouverte.

Lorsque des hommes aussi grossiers que M. Bouffard, se trouvent dans une position pareille avec une belle jeune fille, de deux choses l'une : ou ils ont l'audace de proposer quelque transaction infâme, ou bien, la jeunesse et la beauté, loin de les apitoyer, leur inspirent un redoublement d'insolence et de dureté; on dirait qu'ils veulent se venger de ces charmes qu'ils n'osent convoiter.

Ainsi était-il de M. Bouffard ; sa *vertu* tournait à une animosité brutale.

En entrant dans la chambre d'Herminie, l'impitoyable propriétaire reprit :

— Il n'y a pas d'explications là-dedans... l'affaire est bien simple : encore une fois, voulez-vous me payer, oui ou non ?

— Pour le moment, cela m'est malheureusement impossible, Monsieur, — dit Herminie en essuyant ses larmes, — mais si vous voulez avoir la bonté d'attendre...

— Toujours la même chanson..... A d'autres, — reprit M. Bouffard en haussant les épaules.

Puis, regardant autour de lui d'un air sardonique, il ajouta :

— C'est bien ça... l'on s'importe peu de

ne pas payer son terme, et l'on se flanque des tapis superbes, des tentures d'étoffes et des rideaux à falbalas.... Si ça ne fait pas suer!:... Moi, qui ai sept maisons sur le pavé de Paris, je n'ai pas seulement de tapis dans mon salon, et le boudoir de madame Bouffard est tendu en simple papier... à ramages... mais, quand je vous le dis, on se donne des genres... de *princesse*... et l'on n'a pas le sou.

Herminie, poussée à bout, releva orgueilleusement la tête ; d'un regard digne et ferme, elle fit baisser les yeux à M. Bouffard, et lui dit :

— Ce piano a une valeur au moins quatre fois égale à ce que je vous dois, monsieur... Envoyez-le prendre quand vous le voudrez...

C'est la seule chose de prix que je possède... disposez-en... faites-le vendre...

— Allons donc!... est-ce que je suis marchand de pianos, moi?... est-ce que je sais ce que j'en retirerai, de votre instrument?... encore des tracas, pas de ça!... vous devez me payer mon terme en argent et non en pianos...

— Mais, mon Dieu, monsieur, je n'ai pas d'argent... je vous offre de vendre mon piano, quoiqu'il me serve à gagner ma vie... que puis-je faire de plus?

— Je ne donne pas là-dedans... vous avez de l'argent... je le sais... vous avez des couverts et une montre *chez ma tante*... c'est *ma* portière qui a été les engager... Ah! ah! on ne me dindonne pas, moi, voyez-vous?

— Hélas, monsieur, le peu que l'on m'a prêté j'ai été obligé de le dépenser pour...

Herminie ne put achever.

Elle venait de voir M. de Maillefort debout à la porte laissée ouverte, il assistait depuis quelques instants à cette scène pénible.

Au tressaillement soudain de la jeune fille, au regard surpris qu'il la vit jeter du côté de la porte, M. Bouffard tourna la tête, aperçut le bossu, et resta aussi étonné qu'Herminie.

Le marquis, s'avançant alors, dit à *la duchesse* en s'inclinant respectueusement devant elle :

— Je vous demande mille pardons, mademoiselle, de me présenter ainsi chez vous; mais j'ai trouvé cette porte ouverte, et comme j'espère que vous me ferez l'honneur de m'accorder quelques moments d'entretien pour une affaire fort importante, je me suis permis d'entrer.

Après ces mots, accentués avec autant de courtoisie que de déférence, le marquis se retourna du côté de M. Bouffard, et le toisa d'un regard si altier, que le gros homme se sentit d'abord tout sot, tout intimidé devant ce petit bossu, qui lui dit :

— Je viens, monsieur, d'avoir l'honneur de prier mademoiselle de vouloir bien m'accorder quelques instants d'entretien.

— Eh bien! après? — reprit M. Bouffard,

retrouvant son assurance — qu'est-ce que cela me fait, à moi?

Le marquis, sans répondre à M. Bouffard, et s'adressant à Herminie, de plus en plus surprise, lui dit :

— Mademoiselle, veut-elle me faire la grâce de m'accorder l'entretien que je sollicite?

— Mais... Monsieur... répondit la jeune fille avec embarras... je ne sais... si je...

— Je me permettrai de vous faire observer, mademoiselle — reprit le marquis — que notre conversation devant être absolument confidentielle... il est indispensable que monsieur — et il montra du regard le propriétaire — veuille bien nous laisser seuls, à moins que vous n'ayez encore quelque chose à lui dire...; dans ce cas alors... je me retirerais...

— Je n'ai plus rien à dire à monsieur — répondit Herminie, espérant échapper, pour quelques moments du moins, à sa pénible position.

— Mademoiselle n'a plus rien à vous dire... vous entendez, monsieur, — reprit le marquis, en faisant un signe expressif à M. Bouffard.

Mais celui-ci, revenant à sa brutalité ordinaire, et se reprochant de se laisser imposer par ce bossu, s'écria :

— Ah! vous croyez qu'on met comme ça les gens à la porte de chez *soi* sans les payer..

monsieur.., et que parce que vous soutenez cette...

— Assez, monsieur, assez...

Dit vivement le marquis, en interrompant M. Bouffard, et il lui saisit le bras avec une telle vigueur, que l'ex-épicier, sentant son poignet serré comme dans un étau entre les doigts longs et osseux du bossu, le regarda avec un mélange d'ébahissement et de crainte.

Le marquis, lui souriant alors de l'air le plus aimable, reprit avec une affabilité exquise :

— Je suis aux regrets, cher monsieur, de ne pouvoir jouir plus longtemps de votre bonne et aimable compagnie ; mais, vous le voyez, je suis aux ordres de mademoiselle, qui me fait la grâce de me donner quelques instants, et je ne voudrais pas abuser de son obligeance...

Ce disant, le marquis, moitié de gré, moitié de force, conduisit jusqu'à la porte M. Bouffard, stupéfait de rencontrer dans un bossu cette vigueur physique et cette autorité de langage et de manière, dont il subissait involontairement l'influence.

— Je sors... parce que j'ai justement affaire dans *ma* maison, — dit M. Bouffard, ne voulant pas paraître céder à la contrainte, — je monte là-haut; mais je reviendrai quand vous serez parti... il faudra bien alors que j'aie mon argent, ou sinon, nous verrons !

Le marquis salua ironiquement M. Bouffard, ferma la porte sur lui, et revint trouver Herminie.

V

M. de Maillefort, frappé de ce que lui avait appris madame de la Rochaiguë au sujet de la jeune artiste si *injustement oubliée*, disait-on, par madame de Beaumesnil, M. de Maillefort avait de nouveau interrogé avec autant de prudence que d'adresse, madame Dupont, ancienne femme de chambre de la comtesse ; puisant dans cet entretien de nouveaux détails sur les relations de la jeune fille et de madame de Beaumesnil, et devinant, aidé par ses soupçons, ce qui avait dû échapper à la femme de chambre, il acquit bientôt presque la conviction qu'Herminie devait être la fille naturelle de madame de Beaumesnil.

L'on conçoit néanmoins que, malgré cette persuasion quasi-complète, le marquis s'était promis de n'aborder Herminie qu'avec une extrême réserve ; non-seulement il s'agissait d'une révélation fâcheuse, presque honteuse, pour la mémoire de madame de Beaumesnil, mais encore la comtesse n'avait pas confié ce secret à M. de Maillefort, qui l'avait pour ainsi dire surpris ou plutôt deviné.

Herminie, à la vue du bossu, qui, pour la première fois, se présentait à elle dans une circonstance pénible, resta confuse, interdite, ne pouvant imaginer le sujet de la visite de cet inconnu.

Le marquis, après avoir expulsé M. Bouffard, revint, disons-nous, auprès de la jeune fille, qui, pâle, émue, les yeux baissés, restait immobile auprès de la cheminée.

M. de Maillefort, d'un coup d'œil investigateur et pénétrant, jeté sur la chambre de *la duchesse*, avait remarqué l'ordre, le goût et l'excessive propreté de cette modeste demeure ; cette observation, jointe à ce que madame de la Rochaiguë lui avait raconté du noble désintéressement de la jeune fille, donnèrent au marquis la meilleure opinion d'Herminie; presque certain de voir en elle la personne qu'il avait tant d'intérêt à rencontrer, il cherchait sur ses traits charmants quelque ressemblance avec ceux de madame de Beaumesnil, et cette ressemblance, il crut la trouver.

De fait, sans ressembler précisément à sa mère, comme elle, Herminie était blonde; comme elle, elle avait les yeux bleus, et si les lignes du visage ne rappelaient pas exactement les traits de Madame de Beaumesnil, il n'existait pas moins entre la mère et la fille, ce qu'on appelle *un air de famille,* surtout frappant pour un observateur aussi intéressé que l'était M. de Maillefort.

Celui-ci, sous l'empire d'une émotion que l'on concevra sans peine, s'approcha d'Her-

minie, de plus en plus troublée par le silence
et par les regards curieux et attendris du
bossu.

— Mademoiselle — lui dit-il enfin d'un
ton affectueux et paternel, — excusez mon
silence... mais j'éprouve une sorte d'embarras à vous exprimer le profond intérêt que
vous m'inspirez...

En parlant ainsi, la voix de M. de Maillefort fut si touchante, que la jeune fille le regarda de plus en plus surprise et lui dit timidement :

— Mais, cet intérêt, Monsieur !

— Qui a pu vous l'attirer, n'est-ce pas ? je
vais vous le dire... ma chère enfant... — oui,

ajouta le bossu en répondant à un mouvement d'Herminie, — oui, laissez-moi de grâce vous appeler ainsi : mon âge, et je ne saurais trop vous le répéter, l'intérêt que vous m'inspirez, me donneraient peut-être le droit de vous dire : *ma chère enfant*, si vous me permettiez cette familiarité...

— Ce sera la seule manière de vous prouver, Monsieur, ma reconnaissance des bonnes et consolantes paroles que vous venez de me dire... quoique la pénible position où vous m'avez vue, Monsieur... ait dû peut-être...

— Quant à cela, — reprit le marquis en interrompant Herminie, — rassurez-vous... je.....

— Oh! Monsieur, je ne cherche pas à me

justifier, — dit orgueilleusement Herminie en interrompant à son tour le bossu, — de cette situation... je n'ai pas à rougir... et puisque, pour une raison que j'ignore, vous voulez bien me témoigner de l'intérêt, Monsieur, il est de mon devoir de vous dire... de vous prouver que ni le désordre, ni l'inconduite, ni la paresse, ne m'ont mise dans le cruel embarras... où je me trouve pour la première fois de ma vie ! Malade pendant deux mois, je n'ai pu donner mes leçons, je les reprends depuis quelques jours seulement, et j'ai été forcée de dépenser le peu d'avances que je possédais... Voilà, Monsieur, la vérité... si je me suis un peu endettée, c'est par suite de cette maladie...

— Ceci est étrange !

Pensa soudain le marquis en rapprochant dans sa pensée la date du décès de la comtesse et l'époque présumable du commencement de la maladie d'Herminie.

— C'est peu de temps après la mort de madame de Beaumesnil... que cette pauvre enfant a dû tomber malade... serait-ce de chagrin?...

Et le marquis reprit tout haut avec un accent de touchant intérêt :

— Et cette maladie... ma chère enfant... a été bien grave ?... vous vous êtes peut-être trop fatiguée au travail ?...

Herminie rougit; son embarras était grand, il lui fallait mentir pour cacher la sainte et véritable cause de sa maladie ; elle répondit en hésitant :

— En effet... Monsieur... je m'étais un peu fatiguée ; cette fatigue a été suivie d'un malaise... d'une sorte d'accablement... mais maintenant... Dieu merci, je vais tout-à-fait bien.

L'embarras, l'hésitation de la jeune fille avaient frappé le marquis, déjà surpris de la profonde mélancolie dont les traits d'Herminie semblaient avoir, pour ainsi dire, l'habitude.

— Plus de doute... — pensa-t-il. — Elle est tombée malade de chagrin après la mort de madame de Beaumesnil... Elle sait donc que la comtesse est sa mère... mais alors...

comment celle-ci, dans les fréquentes occasions qui ont dû la rapprocher de sa fille, ne lui a-t-elle pas remis ce portefeuille dont elle m'a chargé ?

En proie à ces perplexités, le bossu, après un nouveau silence, dit à Herminie :

— Ma chère enfant, j'étais venu ici avec l'intention de me tenir dans une extrême réserve : défiant de moi-même... incertain de la conduite que j'avais à tenir, je ne voulais aborder qu'avec la plus grande précaution le sujet qui m'amène... car c'est une mission bien délicate, une mission sacrée...

— Que voulez-vous dire, Monsieur ?

— Veuillez m'écouter, ma chère enfant... Ce que je savais déjà de vous,... ce que je viens de voir, de deviner peut-être... enfin la confiance que vous m'inspirez, changent ma résolution... je vais donc vous parler à cœur ouvert, certain que je suis de m'adresser à une loyale et noble créature... Vous connaissiez madame de Beaumesnil... vous l'aimiez ?

Herminie, à ces paroles, ne put réprimer un mouvement d'étonnement mêlé d'inquiétude.

Le bossu reprit :

— Oh ! je le sais ! vous aimiez tendrement madame de Beaumesnil ; le chagrin de l'avoir perdue, a seul causé votre maladie...

— Monsieur ! — s'écria Herminie, effrayée

de voir son secret, celui de sa mère surtout, presque à la merci d'un inconnu, — je ne sais... ce que vous voulez dire... J'ai eu pour madame la comtesse de Beaumesnil, pendant le peu de temps que j'ai été appelée auprès d'elle, le respectueux attachement qu'elle méritait... Ainsi que tous ceux qui l'ont connue je l'ai sincèrement regrettée ; mais...

— Vous devez me répondre ainsi, ma chère enfant, — dit le marquis en interrompant Herminie, — vous ne pouvez avoir confiance en moi, ignorant qui je suis... ignorant jusqu'à mon nom... Je m'appelle M. de Maillefort.

— Monsieur de Maillefort, — dit vivement la jeune fille en se souvenant d'avoir écrit pour sa mère une lettre adressée au marquis.

— Vous connaissiez mon nom ?

— Oui, Monsieur... Madame la comtesse de Beaumesnil, se trouvant trop faible pour écrire... m'avait prié de la remplacer, et la lettre... que vous avez reçue...

— C'était vous... qui l'aviez écrite ?

— Oui, Monsieur...

— Vous le voyez, ma chère enfant, maintenant vous devez être en toute confiance... Madame de Beaumesnil... n'avait pas d'ami plus dévoué que moi... et sur cette amitié de vingt ans elle a cru pouvoir assez compter pour me charger d'une mission sacrée...

— Que dit-il ? — pensa Herminie, — ma mère, lui aurait-elle confié le secret de ma naissance ?

Le marquis, remarquant le trouble croissant d'Herminie, et certain d'avoir enfin découvert la fille naturelle de la comtesse, poursuivit :

— La lettre que vous m'aviez écrite au nom de madame de Beaumesnil, m'assignait chez elle un rendez-vous... à une heure assez avancée de la soirée... n'est-ce pas, vous vous rappelez cela ?

— Oui, Monsieur.

— A ce rendez-vous... je suis venu... La comtesse se sentait près de sa fin... — continua le bossu d'une voix altérée... — Après avoir recommandé sa fille Ernestine... à ma sollicitude... madame de Beaumesnil... m'a supplié de lui rendre... un dernier service... elle m'a conjuré... de partager mes soins... mon intérêt... entre sa fille... et une autre jeune personne... qui ne lui était pas moins chère... que son enfant...

— Il sait tout, — se dit Herminie avec un douloureux accablement, — la faute de ma pauvre mère n'est pas un secret pour lui...

— Cette autre personne, — continua le bossu de plus en plus ému, — était, m'a dit la comtesse, un ange ; oui, ce sont ses propres paroles... un ange de vertu, de courage, une noble et vaillante fille, — ajouta le marquis, dont les yeux se mouillèrent de larmes,—une pauvre orpheline abandonnée, qui, sans appui, sans secours, luttait à force de courage, de travail et d'énergie, contre le sort le plus précaire, souvent le plus pénible... Oh!... si vous l'aviez entendue! avec quel accent de tendresse déchirante elle parlait de cette jeune fille! malheureuse femme! mère infortunée!... car, de ce moment, j'ai deviné, quoiqu'elle ne m'ait fait aucun aveu, retenue par la honte sans doute, j'ai deviné qu'une mère seule pouvait ainsi parler... ainsi souffrir en songeant au sort de sa fille... non, oh! non... ce n'était pas une étrangère que la comtesse me recommandait avec tant d'instance à son lit de mort.

Le marquis, dont l'émotion était à son

comble, s'arrêta un instant et essuya ses yeux baignés de larmes.

— Oh! ma mère, — se dit Herminie en tâchant de se contraindre, — tes dernières pensées ont été pour ta fille !

— J'ai juré à madame de Beaumesnil mourante, — reprit le bossu, — d'accomplir ses dernières volontés, de partager ma sollicitude entre Ernestine de Beaumesnil et la jeune fille pour qui la comtesse m'implorait si vivement... Alors, elle m'a remis ce portefeuille — et le bossu le tira de sa poche — qui contient, m'a-t-elle dit, une petite fortune, me chargeant de le remettre à cette jeune fille dont le sort serait ainsi à jamais assuré... Malheureusement, madame de

Beaumesnil a expiré avant d'avoir pu me dire le nom de l'orpheline...

— Il n'a que des soupçons... Dieu soit béni ! — se dit Herminie avec un ravissement ineffable, — je n'aurai pas la douleur de voir un étranger instruit de la faute de ma mère ; sa mémoire restera pure...

— Vous jugez, ma chère enfant, de mon angoisse, de mon chagrin. Comment accomplir la dernière volonté de madame de Beaumesnil, ignorant le nom de cette jeune fille ? — reprit le bossu en regardant Herminie avec attendrissement. — Cependant je me suis mis en quête... et enfin... après bien de vaines tentatives... cette orpheline... je l'ai trouvée... belle, vaillante, généreuse... telle, enfin, que sa pauvre mère me l'avait dépeinte, sans me la nommer... et cette jeune fille... c'est vous... mon enfant... ma chère enfant... — s'écria le bossu en saisissant les deux mains d'Herminie.

Et il ajouta avec un élan de bonheur et de tendresse indicibles :

— Ah ! vous voyez bien que j'avais le droit de vous appeler mon enfant... oh ! non... jamais père n'aura été plus fier de sa fille !

— Monsieur... — répondit Herminie d'une voix qu'elle tâchait de rendre calme et ferme — quoiqu'il m'en coûte beaucoup de détruire... votre illusion... il est de mon devoir de le faire.

— Que dites-vous ?... — s'écria le bossu.

— Je ne suis pas… Monsieur, la personne que vous cherchez, — répondit Herminie.

Le marquis recula d'un pas et regarda la jeune fille sans pouvoir d'abord trouver une parole.

Pour résister à l'entraînement de la révélation que venait de lui faire M. de Maillefort, il fallut à Herminie un courage héroïque, né de ce qu'il y avait de plus pur, de plus saint dans son ORGUEIL filial.

La fierté de la jeune fille se révoltait à la seule pensée d'avouer la honte maternelle… aux yeux d'un étranger, en se reconnaissant devant lui pour la fille de madame de Beaumesnil.

De quel droit Herminie pouvait-elle confirmer les soupçons de cet étranger, par l'aveu d'un secret que la comtesse n'avait pas voulu lui confier à lui, M. de Maillefort, son ami le plus dévoué..... un secret..... que sa mère, à elle, avait eu la force de lui taire, lorsque, la pressant sur son sein... les battements de leurs deux cœurs s'étaient confondus ?...

Pendant que ces généreuses pensées venaient en foule à l'esprit d'Herminie, le marquis, stupéfait du refus de la jeune fille, dont il ne pouvait se résoudre à mettre en doute l'identité, cherchait en vain à deviner la cause de cette étrange résolution.

Enfin, il dit à Herminie :

— Un motif qu'il m'est impossible de pénétrer, vous empêche de me dire la vérité, ma chère enfant... ce motif... quel qu'il soit... doit être noble et généreux ;.., pourquoi me le cacher, à moi? l'ami... le meilleur ami... de votre mère... à moi qui viens remplir auprès de vous ses dernières volontés ?...

— Cet entretien... est aussi douloureux pour moi que pour vous, Monsieur le marquis, — répondit tristement Herminie, — car il me rappelle cruellement une personne qui a été remplie de bienveillance à mon égard... pendant le peu de temps où j'ai été appelée près d'elle, seulement *comme artiste et à aucun autre titre*, je vous en donne ma parole... J'ose croire que cette déclaration vous suffira... Monsieur le marquis, et m'épargnera de nouvelles insistances... Je vous le répète, je ne suis pas la personne que vous cherchez...

A cette déclaration d'Herminie, le marquis sentit renaître ses incertitudes. Cependant, ne voulant pas encore renoncer à tout espoir, il reprit :

— Mais non... non... je ne saurais m'abuser à ce point, jamais je n'oublierai la sollicitude, les prières de madame de Beaumesnil en faveur de...

— Permettez-moi de vous interrompre, Monsieur le marquis, et de vous dire... que, trompé peut-être par les émotions d'une scène déchirante pour votre cœur, vous vous serez mépris... sur la nature de l'intérêt que madame de Beaumesnil portait à l'orpheline dont vous me parlez... Pour défendre la mémoire de madame de Beaumesnil contre votre erreur... je n'ai d'autre droit que celui de la reconnaissance... mais la respectueuse estime que Madame la comtesse inspirait à tous me fait croire... à une erreur de votre part.

Cette manière de voir était trop d'accord avec les désirs de M. de Maillefort pour qu'il n'inclinât pas à se rendre à l'observation d'Herminie. Cependant, au souvenir de l'émotion déchirante de la comtesse lorsqu'elle lui avait recommandé l'orpheline, il reprit :

— Encore une fois, on ne parle pas ainsi d'une étrangère !...

— Qui sait? Monsieur le marquis, — répondit Herminie en défendant le terrain pied à pied, — on m'a cité tant de preuves de générosité de madame de Beaumesnil! Son affection pour ceux qu'elle secourait, était, dit-on, si chaleureuse, qu'elle se sera ainsi manifestée en faveur de l'orpheline qui vous a été recommandée... et puis, si cette jeune fille est aussi méritante que malheureuse... cela ne suffit-il pas pour motiver le vif intérêt que lui portait madame de Beaumesnil? Peut-être enfin... cette mystérieuse protection était-elle un devoir pieux... qu'une amie... avait confié à madame la comtesse de Beaumesnil comme celle-ci vous l'a légué à son tour.

— Alors... pourquoi cette prière formelle

de toujours taire à la personne à qui je dois remettre ce portefeuille... le nom de la comtesse ?...

— Parce que madame de Beaumesnil, cette fois encore, aura voulu cacher sa bienfaisance...

Herminie, ayant retrouvé son calme, son sang-froid, discutait ces raisons avec un tel détachement, que le marquis finit par penser qu'il s'était trompé, et avait injustement soupçonné madame de Beaumesnil ; alors une idée nouvelle lui vint à l'esprit, et il s'écria :

— Mais en admettant que le mérite et les malheurs de cette orpheline soient ses seuls et véritables titres ne seraient-ils pas les vôtres, chère et vaillante enfant ? Pourquoi ne serait-ce pas vous que la comtesse a voulu me désigner ?

— Je connaissais depuis trop peu de temps madame de Beaumesnil pour mériter de sa part une telle marque de bonté, Monsieur le marquis, et puis enfin mon nom n'ayant pas été prononcé par Madame la comtesse, je m'adresse à votre délicatesse... Puis-je accepter un don considérable... sur votre seule supposition qu'il pouvait m'être destiné ?

— Oui... cela serait vrai, si vous ne méritiez pas ce don.

—Et comment l'aurais-je mérité, Monsieur le marquis ?

—Par les soins... dont vous avez entouré

la comtesse, par les soulagements que vous avez apportés à ses douleurs, et ces soins, comment se fait-il qu'elle ne les ait pas reconnus ?

— Je ne vous comprends pas, Monsieur ?

— Le testament de la comtesse renferme plusieurs legs ;.... seule..... vous avez été oubliée...

— Je n'avais aucun droit à un legs, Monsieur le marquis... j'ai été rémunérée de mes soins...

— Par madame de Beaumesnil ?

— Par madame de Beaumesnil, — répondit Herminie d'une voix assurée.

— Oui... c'est ce que vous avez déclaré à

madame de la Rochaiguë, en venant généreusement lui rapporter...

— De l'argent qui ne m'était pas dû, Monsieur le marquis... voilà tout...

— Encore une fois, non... — s'écria M. de Maillefort, revenant invinciblement à sa première certitude. — Non... je ne me suis pas trompé... Instinct, pressentiment... ou conviction, tout me dit que vous êtes...

— Monsieur le marquis, — dit Herminie en interrompant le bossu, et voulant mettre un terme à cette pénible scène, — un dernier mot... Vous étiez le meilleur des amis de madame de Beaumesnil... car elle vous a légué en mourant le soin de veiller sur sa fille légitime... Comment... ne vous aurait-elle pas aussi confié, à ce moment suprême... qu'elle avait un autre enfant?...

— Eh ! mon Dieu ! — s'écria involontairement le marquis,—la malheureuse femme... aura reculé devant la honte d'un pareil aveu...

— Oui, je n'en doute pas, — pensa Herminie avec amertune, — et c'est moi qui ferais cet aveu de honte... devant lequel ma mère... a reculé?..,

L'entretien du bossu et d'Herminie fut interrompu par le retour de M. Bouffard.

L'émotion du marquis et de la jeune fille était telle, qu'ils n'avaient pas entendu M. Bouffard ouvrir la première porte d'entrée.

Le *farouche propriétaire* semblait complètement radouci, apaisé ; à son air insolent et brutal avait succédé une physionomie à la fois narquoise et sournoise.

— Que voulez-vous encore, Monsieur, — lui demanda rudement le marquis, — que venez-vous faire ici ?

— Je viens, Monsieur, faire mes excuses à Mademoiselle.

— Vos excuses, Monsieur ?... — dit la jeune fille, très surprise.

— Oui, Mademoiselle, et je tiens à vous les faire devant Monsieur, car je vous ai reproché en sa présence de ne pas me payer... et je déclare devant lui, je jure devant Dieu et devant les hommes!! — ajouta M. Bouffard, en levant la main comme pour prêter serment, tout en riant d'un gros rire bête que lui inspirait sa plaisanterie, — je jure que j'ai été payé de ce que Mademoiselle me devait!... Eh... eh...

— Vous avez été payé! — dit Herminie au comble de l'étonnement, — et par qui donc, Monsieur?

— Parbleu!... vous le savez bien... Mademoiselle, — dit M. Bouffard en continuant son rire stupide, — vous le savez bien... quelle malice!!

— J'ignore ce que vous voulez dire, Monsieur, — reprit Herminie.

— Allons donc!... — dit M. Bouffard en

haussant les épaules, — comme si les beaux bruns payaient les loyers des belles blondes pour l'amour de Dieu !

— Quelqu'un... vous a payé... pour moi... Monsieur ? — dit Herminie en devenant pourpre de confusion.

— On m'a payé, et en bel et bon or encore, — répondit M. Bouffard, en tirant de sa poche quelques louis, qu'il fit sauter dans sa main ouverte. — Voyez plutôt ces jaunets ?... sont-ils gentils !... hein ?

— Et cet or... Monsieur, — dit Herminie toute tremblante, et ne pouvant croire à ce qu'elle entendait, — cet or... qui vous l'a donné ?...

—Faites donc l'innocente... et la rosière...

ma petite... Celui qui m'a payé est un très joli garçon... ma foi... un grand brun, taille élancée... petites moustaches brunes... Voilà son signalement pour son passeport.

Le marquis avait écouté M. Bouffard avec une surprise et une douleur croissantes.

Cette jeune fille pour qui jusqu'alors il avait ressenti un si profond intérêt, était soudain presque flétrie à ses yeux.

Après avoir froidement salué Herminie, sans lui dire un seul mot, M. de Maillefort se dirigea vers la porte, les traits empreints d'une tristesse amère.

— Ah !... — fit-il avec un geste de dégoût et d'accablement, — encore... une illusion perdue.

Et il s'éloigna.

— Restez, Monsieur, — s'écria la jeune fille en courant à lui, tremblante, éperdue de honte, — oh! je vous en conjure, je vous en supplie... restez!!...

VI

M. de Maillefort, entendant l'appel d'Herminie, qui le suppliait de rester, se retourna vers elle, et, le visage triste, sévère, lui dit :

— Que voulez-vous, Mademoiselle ?

— Ce que je veux, Monsieur ! — s'écria-t-elle, la joue en feu, les yeux brillants de larmes d'indignation et d'orgueil, ce que je veux... c'est dire, devant vous, à cet homme, qu'il a menti...

— Moi? — dit M. Bouffard, — c'est un peu fort! quand j'ai les jaunets en poche!

— Je vous dis que vous mentez! — s'écria la jeune fille en faisant un pas vers lui avec un geste d'une admirable autorité, — je n'ai donné à personne... le droit de vous payer... de me faire ce sanglant outrage!!

Malgré la grossièreté de sa nature et de son intelligence, M. Bouffard se sentit ému, tant la fière indignation d'Herminie était irrésistible et sincère; aussi, reculant de deux pas, le propriétaire balbutia-t-il en manière d'excuse :

— Je vous jure ma parole la plus sacrée... Mademoiselle... que, tout-à-l'heure, en montant, j'ai été arrêté sur le palier du premier étage par un beau jeune homme brun qui m'a donné cet or pour payer votre terme... je vous dis la vérité, foi de Bouffard!!

— Oh! mon Dieu! humiliée... outragée à ce point!...

S'écria la jeune fille, dont les larmes, longtemps contenues, coulèrent enfin.

Tournant alors vers le bossu, muet témoin de cette scène, son beau visage baigné de pleurs, Herminie lui dit d'une voix suppliante :

— Oh! de grâce, Monsieur le marquis, ne croyez pas que j'aie mérité cette insulte!

— Un marquis !!

Dit M. Bouffard, en ôtant son chapeau qu'il avait jusqu'alors gardé sur sa tête.

M. de Maillefort s'approcha d'Herminie, le cœur épanoui, dégagé d'un poids cruel, lui prit paternellement la main et dit :

— Je vous crois, je vous crois ! ma chère et noble enfant ; ne descendez pas à vous justifier... Vos larmes, la sincérité de votre accent, votre généreuse indignation, tout me prouve que vous dites vrai... que c'est à votre insu que cet outrageant service... vous a été rendu...

— Ce qu'il y a de sûr, c'est que moi qui viens quasi tous les jours dans *ma* maison, —

dit M. Bouffard, presque attendri, — je n'ai jamais rencontré ce beau jeune homme;... mais enfin, que voulez-vous, ma chère demoiselle... votre terme est payé... c'est toujours ça... il faut vous consoler; il y en a tant d'autres qui voudraient être humiliés... de cette manière là !... Eh! eh! eh! — ajouta M. Bouffard, en riant de son gros rire.

— Cet argent, vous ne le garderez pas, Monsieur! — s'écria Herminie, — je vous en supplie... vendez mon piano, mon lit, tout ce que je possède; mais, par pitié, rendez cet argent à celui qui vous l'a donné... Si vous le gardez, la honte est pour moi, Monsieur!

— Ah çà! mais, un instant, diable! comme vous y allez! — dit M. Bouffard, — je ne me trouve pas insulté du tout pour empocher mon terme, moi; un *bon tiens vaut mieux que deux tu l'auras...* et, d'ailleurs, où voulez-vous que je le repêche, ce beau jeune homme, pour lui rendre son argent? Mais il y a moyen de tout arranger... quand vous le verrez, ce godelureau, vous lui direz que c'est malgré vous que j'ai gardé son argent, que je suis un vrai Bedoin, un gredin de propriétaire... allez, allez! tapez sur moi, j'ai la peau dure... et, comme ça, il verra bien, ce joli garçon, que vous n'êtes pour rien dans la chose!

Et M. Bouffard, enchanté de son idée, dit tout bas au bossu :

— Je suis content de lui avoir rendu service, je ne pouvais pas la laisser dans cet embarras, cette pauvre fille... car je ne sais pas comment cela se fait... mais... enfin, quoiqu'elle m'ait dû un terme, je me sens tout drôle... Pour sûr, voyez-vous, Monsieur le marquis, c'est dans la *débine*... mais c'est honnête.

— Mademoiselle, — dit M. de Maillefort à Herminie qui, son visage caché dans ses deux mains, pleurait silencieusement,— voulez-vous suivre mon conseil?

— Hélas!... Monsieur... que faire?... — dit Herminie en essuyant ses larmes.

— Acceptez de moi... qui suis d'âge à être votre père... de moi... qui étais l'ami d'une personne.,. pour qui vous aviez autant de respect que d'affection, acceptez, dis-je, un prêt suffisant pour payer Monsieur... Chaque mois... vous me rembourserez par petites sommes... Quant à l'argent que Monsieur a reçu... il fera son possible pour retrouver l'inconnu qui le lui a remis... sinon, il déposera cette somme... au bureau de bienfaisance de son quartier.

Herminie avait écouté et regardé le marquis avec une vive reconnaissance.

— Oh! merci, merci, Monsieur le marquis, j'accepte ce service... et je suis fière d'être votre obligée.

— Et moi, — s'écria l'impitoyable M. Bouffard, enfin apitoyé, — je n'accepte pas,... nom d'un petit bonhomme!

— Comment cela... Monsieur ? — lui dit le marquis.

— Non, sac à papier! je n'accepte pas! il ne sera pas dit que... car enfin je ne suis pas assez... rien du tout pour... enfin n'importe, je m'entends, Monsieur le marquis gardera son argent... je tâcherai de repêcher le godelureau; sinon je mettrai ses louis au tronc des pauvres... je ne vendrai pas votre piano, Mademoiselle, et je serai payé tout de même. Ah! ah! qu'est-ce que vous dites de ça?

— A la bonne heure, mais expliquez-vous, mon brave Monsieur, — répondit le marquis.

— Voilà la chose, — reprit M. Bouffard,— ma fille Cornélia a un maître de piano d'une grande réputation... M. Tonnerriliuskoff...

— Avec un nom pareil,— dit le bossu, — on fait nécessairement du bruit dans le monde.

— Et sur le piano, donc! Monsieur le marquis, un homme de six pieds... une barbe noire comme un sapeur, et des mains larges... comme des épaules de mouton.. mais ce fameux maître me coûte les yeux de la tête : quinze francs par leçons, sans compter les réparations du piano, car il tape comme un sourd; il est si fort!.. Maintenant si Mademoiselle voulait donner des leçons à Cornélia, à cinq francs le cachet, non... à quatre francs, un compte rond... trois leçons par semaine, ça ferait douze francs... elle s'acquittera ainsi petit à petit de ce qu'elle me doit... et une fois quitte, elle pourra désormais me payer son loyer en leçons.

— Bravo, Monsieur Bouffard! — dit le marquis.

— Eh bien! Mademoiselle, — reprit le propriétaire, — que pensez-vous de cela?

— J'accepte, Monsieur... j'accepte avec reconnaissance... et je vous remercie de me mettre à même de m'acquitter envers vous par mon travail; je vous assure que je ferai tout au monde pour que mademoiselle votre fille soit satisfaite de mes leçons.

— Eh bien! ça va... — dit M. Bouffard, — c'est convenu : trois leçons par semaine... à commencer d'après-demain, ça fera douze francs... la huitaine... Bah! mettons dix francs... quarante francs par mois... huit pièces cent sous... un compte tout rond!...

— Vos conditions seront les miennes, Monsieur, je vous le répète... et je les accepte avec reconnaissance.

— Eh bien! mon cher Monsieur, — dit le marquis à M. Bouffard, — est-ce que vous n'êtes pas plus satisfait de vous, maintenant... que tout-à-l'heure, lorsque vous effarouchiez cette chère et digne enfant par vos menaces?

— Si fait, Monsieur le marquis, si fait, car enfin cette chère demoiselle... certainement était bien... méritait bien... et puis, voyez-vous, je serai débarrassé de ce grand colosse de maître de piano, avec sa barbe noire et ses quinze francs par cachet, sans compter qu'il avait toujours ses grandes mains sur les mains de Cornélia, sous prétexte de lui donner du *doigté*.

— Mon cher Monsieur Bouffard, — dit tout bas le marquis au propriétaire en l'emmenant dans un coin de la chambre, — permettez-moi un conseil...

— Certainement, Monsieur le marquis.

— En fait d'art d'agrément, ne donnez jamais de *maîtres* à une jeune fille ou à une jeune femme, parce que, voyez-vous, souvent... les rôles changent.

— Les rôles changent, Monsieur le marquis, comment cela?

— Oui, quelquefois l'écolière devient la maîtresse,... comprenez-vous? la *maîtresse*... du maître...

— La maîtresse du maître!.... ah! très bien! ah! j'y suis parfaitement... C'est très drôle... Eh! eh! eh!...

Mais, redevenant tout-à-coup sérieux, M. Bouffard reprit :

— Mais j'y pense... ah! saperlotte! si cet Hercule de Tonnerriliuskoff... si Cornélia...

— La vertu de mademoiselle Bouffard doit être au-dessus de pareilles craintes, mon cher Monsieur..., mais pour plus de sûreté....

— Ce brigand-là ne remettra jamais les

pieds chez moi, avec sa barbe de sapeur et ses quinze francs par cachet, — s'écria M. Bouffard. — Merci du conseil, Monsieur le marquis.

Puis, revenant auprès d'Herminie, M. Bouffard ajouta :

— Ainsi, ma chère demoiselle, après-demain nous commencerons à deux heures... c'est l'heure de Cornélia.

— A deux heures, Monsieur, je serai exacte, je vous le promets.

— Et dix francs par semaine.

— Oui... Monsieur... moins encore si vous le désirez.

— Vous viendriez pour huit francs?

— Oui, Monsieur, — répondit Herminie en souriant malgré elle.

— Eh bien, ça va... huit francs... un compte rond, — dit l'ex-épicier.

— Allons donc! Monsieur Bouffard.... un riche propriétaire comme vous est plus grand seigneur que cela,— reprit le marquis. — Comment! un électeur éligible?... peut-être même un officier de la garde nationale... car vous me paraissez bien capable de cela.

M. Bouffard releva fièrement la tête, poussa son gros ventre en avant, et dit avec emphase, en faisant le salut militaire :

— Sous-lieutenant de la *troisième* du *deuxième de la première*.

— Raison de plus... cher Monsieur Bouffard, — reprit le bossu, — il y va de la dignité du grade.

— C'est juste, Monsieur le marquis, j'ai dit dix francs, c'est dix francs ; j'ai toujours fait honneur à ma signature. Je vais tâcher de retrouver le godelureau... Il flâne peut-être dans les alentours de *ma* maison pour y revenir tout-à-l'heure ; mais je vas le signaler à la mère Moufflon, *ma* portière... et, soyez tranquille... elle a l'œil bon et la dent idem... votre serviteur, Monsieur le marquis... à après-demain deux heures, ma chère demoiselle...

Mais revenant sur ses pas, M. Bouffard dit à Herminie :

— Mademoiselle... une idée... Pour prouver à M. le marquis que les Bouffard sont des bons enfants quand ils s'y mettent...

— Voyons l'idée, Monsieur Bouffard, — reprit le bossu.

— Vous voyez bien ce joli jardin, Monsieur le marquis ?

— Oui.

— Il dépend de l'appartement du rez-de-chaussée... Eh bien !... je donne à Mademoiselle la jouissance de ce jardin... jusqu'à ce que l'appartement soit loué.

— Vraiment, Monsieur, — dit Herminie toute joyeuse, — oh ! je vous remercie, quel bonheur de pouvoir me promener dans ce jardin!...

— A la charge par vous de l'entretenir, bien entendu, — ajouta M. Bouffard qui s'en courut d'un air guilleret, comme pour se soustraire modestement à la reconnaissance que devait inspirer sa proposition.

— On n'a pas idée de ce que *gagnent* ces gaillards-là à être obligeants et généreux, — dit le bossu en riant, lorsque M. Bouffard fut sorti.

Puis, redevenant sérieux et s'adressant à Herminie :

— Ma chère enfant, ce que je viens d'entendre me donne une telle idée de l'élévation de votre cœur et de la fermeté de votre caractère... que je comprends l'inutilité de nouvelles instances, à propos du sujet qui m'a amené près de vous. Si je me suis trompé... si vous n'êtes pas la fille de madame de Beaumesnil... vous persisterez naturellement dans votre dénégation ; si, au contraire, j'ai deviné la vérité, vous persisterez à la nier, et en cela vous obéissez, j'en suis certain, à une raison secrète, mais honorable... Je n'insisterai donc pas... Un mot encore... j'ai été profondément touché du sentiment qui vous a fait défendre la mémoire de madame de Beaumesnil contre les soupçons... qui peuvent m'avoir trompé... Si vous n'étiez une fière et digne créature... je vous dirais que votre désintéressement est d'autant plus beau, que votre position est plus précaire, plus difficile... et à ce propos, puisque

M. Bouffard m'a privé du plaisir de pouvoir vous être utile cette fois... vous me promettez, n'est-ce pas, ma chère enfant... qu'à l'avenir vous ne vous adresseriez qu'à moi!...

— Et à qui pourrais-je m'adresser sans humiliation, si ce n'est à vous, Monsieur le marquis?

— Merci... ma chère enfant... mais de grâce, plus de *Monsieur le marquis*... Tout-à-l'heure... au milieu de notre grave entretien... je n'ai pas eu le loisir de me révolter contre cette cérémonieuse appellation ; mais maintenant que nous sommes de vieux amis, plus de *marquis*... je vous en supplie... ce sera plus cordial, c'est convenu... n'est-ce pas ?
— dit le bossu en tendant sa main à la jeune

fille qui la lui serra affectueusement et répondit :

— Ah! Monsieur... tant de bontés, tant de généreuse confiance... cela console... de l'humiliation dont j'ai tant souffert devant vous.

— Ne pensez plus à cela, ma chère enfant... cette injure prouve seulement que cet insolent inconnu est aussi niais que grossier... C'est d'ailleurs trop lui accorder que de garder le souvenir de son offense.

— Vous avez raison, Monsieur, — répondit Herminie, quoiqu'à ce souvenir elle rougît encore d'indignation et d'orgueil, — le mépris... le mépris le plus profond... voilà ce que mérite une pareille insulte...

— Sans doute... mais malheureusement cet outrage... votre isolement a peut-être contribué à vous l'attirer, ma pauvre enfant, et puisque vous me permettez de vous parler sincèrement... comment, au lieu de vivre ainsi seule, n'avez-vous pas songé à vous mettre en pension auprès de quelque femme âgée et respectable?

— Plus d'une fois j'y ai pensé, Monsieur... mais cela est si difficile à rencontrer... surtout... — ajouta la jeune fille en souriant à demi, — surtout lorsqu'on est aussi exigeante que moi...

— Vraiment? — reprit le bossu en souriant aussi. — Vous êtes bien exigeante?

— Que voulez-vous, Monsieur? Je ne trouverais à me placer ainsi que chez une personne d'une condition aussi modeste que la mienne... et malgré moi... je suis tellement sensible à certains défauts d'éducation et de manières, que j'aurais trop à souffrir en maintes occasions. Cela est puéril... ridicule... je le sais, car le manque d'usage n'ôte rien à la droiture, à la bonté de la plupart des personnes de la classe à laquelle j'appartiens, et dont mon éducation m'a fait momentanément sortir; mais il est pour moi des répugnances invincibles, et je préfère vivre seule... malgré les inconvénients de cet isolement, et puis enfin je contracterais presque une obligation envers la personne qui me recevrait chez elle... et je craindrais que l'on ne me le fît trop sentir.

— Au fait, ma chère enfant, tout ceci est très conséquent, — dit le bossu après un moment de réflexion, — vous ne pouvez penser ou agir autrement... avec votre fierté naturelle... et cet *orgueil* qu'en vous j'aime avant toute chose, a été, j'en suis sûr, et sera toujours votre meilleure sauvegarde... ce qui ne m'empêchera pas, bien entendu, si vous le permettez, de venir de temps à autre... savoir si je peux aussi vous sauvegarder de quelque chose...

— Pouvez-vous douter, Monsieur, du plaisir que j'aurai à vous voir ?

— Je vous ferais injure si j'en doutais, ma chère enfant... J'en suis persuadé...

Voyant M. de Maillefort se lever pour prendre congé d'elle, Herminie fut sur le point de demander au marquis des nouvelles d'Ernestine de Beaumesnil, qu'il devait sans doute avoir déjà vue ; mais la jeune fille craignit de se trahir en parlant de sa sœur, et de réveiller les soupçons de M. de Maillefort.

— Allons ! — dit celui-ci en se levant, — — adieu, ma chère et noble enfant... j'étais venu ici dans l'espoir de rencontrer une jeure fille à aimer, à protéger paternellement ; je ne m'en retournerai pas du moins... le cœur vide... Encore adieu... et au revoir...

— A bientôt, je l'espère... Monsieur le

marquis, — répondit Herminie avec une respectueuse déférence.

— Hein? Mademoiselle, — dit le bossu en souriant, — il n'y a pas ici de *marquis*, mais un vieux bonhomme qui vous aime, oh! qui vous aime de tout son cœur... n'oubliez pas cela...

— Oh! jamais..... je ne l'oublierai Monsieur.

— A la bonne heure, cette promesse vous absout. A bientôt donc, ma chère enfant.

Et M. de Maillefort sortit très indécis sur l'identité d'Herminie, et non moins embarrassé sur la conduite à tenir au sujet de l'accomplissement des dernières volontés de madame de Beaumesnil.

La jeune fille, restée seule et pensive, réfléchit longuement aux divers incidents de ce jour, après tout, presque heureux pour elle, car, en refusant un don qui montrait la tendre sollicitude de sa mère, mais qui pouvait compromettre sa mémoire, la jeune fille avait conquis l'amitié de M. de Maillefort. Mais une chose cruellement pénible pour l'orgueil d'Herminie, avait été le paiement fait à M. Bouffard par un inconnu.

Le caractère de *la duchesse* admis, l'on comprendra que, malgré ses résolutions de dédaigneux oubli, elle devait plus que toute autre ressentir longtemps une pareille injure, par cela même qu'elle était de tout point imméritée.

— Je passais donc pour bien méprisable aux yeux de celui qui a osé m'offenser ainsi ! — se disait l'orgueilleuse fille avec une hauteur amère, lorsqu'elle entendit sonner timidement à sa porte.

Herminie alla ouvrir.

Elle se trouva en présence de M. Bouffard et d'un inconnu qui l'accompagnait.

Cet inconnu était Gerald de Senneterre.

VII

Herminie, à la vue du duc de Senneterre qui lui était absolument inconnu, rougit de surprise et dit à M. Bouffard avec embarras :

— Je ne m'attendais pas, Monsieur, à avoir le plaisir de vous revoir... si tôt.

— Ni moi non plus, ma chère demoiselle, ni moi non plus... c'est Monsieur qui m'a forcé... de revenir ici.

— Mais, — dit Herminie, de plus en plus étonnée, — je ne connais pas Monsieur...

— En effet, Mademoiselle, — répondit Gerald, dont les beaux traits exprimaient une pénible angoisse; — je n'ai pas l'honneur d'être connu de vous... et pourtant je viens vous demander une grâce... je vous en supplie... ne me refusez pas.

La charmante et noble figure de Gerald annonçait tant de franchise; son émotion paraissait si sincère, sa voix était si pénétrante, sa contenance si respectueuse, son extérieur à la fois si élégant et si distingué qu'il ne vint pas un instant à la pensée d'Herminie que Gerald pût être l'inconnu dont elle avait tant à se plaindre; rassurée d'ailleurs par la présence de M. Bouffard et n'imaginant pas quelle *grâce* venait implorer cet inconnu, *la duchesse* dit timidement à M. Bouffard :

— Veuillez vous donner la peine d'entrer, Monsieur...

Et, précédant Gerald et le *propriétaire,* la jeune fille les conduisit dans sa chambre.

Le duc de Senneterre n'avait jamais rencontré une femme dont la beauté fût comparable à celle d'Herminie, et à cette beauté, à cette taille enchanteresse, se joignait le maintien le plus modeste et le plus digne.

Mais lorsque Gerald, suivant la jeune fille, pénétra dans sa chambre et qu'il reconnut à mille indices les habitudes élégantes, les goûts choisis de celle qui habitait cette demeure, il se sentit de plus en plus confus. Dans son cruel embarras, il ne put d'abord trouver une seule parole.

Étonnée du silence de l'inconnu, Herminie interrogea du regard M. Bouffard, qui, pour venir sans doute en aide à Gerald, dit à la jeune fille :

— Il faut, voyez-vous, ma chère demoiselle, commencer par le commencement... Je vas vous dire... pourquoi Monsieur...

— Permettez, reprit Gerald en interrompant M. Bouffard.

Et, s'adressant à Herminie avec un mélange de franchise et de respect :

— Il faut vous l'avouer, Mademoiselle, ce n'est pas une grâce que je viens vous demander, mais un pardon...

— A moi, Monsieur?... et pourquoi ? — demanda ingénument Herminie.

— Ma chère demoiselle, — lui dit M. Bouffard en lui faisant un signe d'intelligence, — vous savez, c'est le jeune homme qui avait payé... je l'ai rencontré... et...

— C'était vous..... Monsieur ! — s'écria Herminie, superbe d'orgueilleuse indignation.

Et regardant Gerald en face, elle répéta :

— C'était vous ?

— Oui, Mademoiselle... mais, de grâce, écoutez-moi...

— Assez, Monsieur... — dit Herminie, — assez, je ne m'attendais pas à tant d'audace... Vous avez, du moins, Monsieur, du courage dans l'insulte, — ajouta Herminie avec un écrasant dédain.

— Mademoiselle... je vous en supplie, — dit Gerald, — ne croyez pas que...

— Monsieur, — reprit la jeune fille en l'interrompant encore, mais cette fois d'une voix altérée, car elle sentait des larmes d'humiliation et de douleur lui venir aux yeux, — je ne puis que vous prier de sortir de chez moi..... je suis femme..... je suis seule...

En prononçant ces mots, *je suis seule...* l'accent d'Herminie fut si navrant, que Gerald, malgré lui, en fut ému jusqu'aux pleurs ; et lorsque la jeune fille releva la tête en tâchant de se contenir, elle vit deux larmes contenues briller dans les yeux de l'inconnu, qui, attéré, s'inclina respectueusement devant Herminie, et fit un pas vers la porte pour sortir.

Mais M. Bouffard retint Gerald par le bras, et s'écria :

— Un instant, vous ne vous en irez pas comme ça !

Nous devons dire que M. Bouffard ajouta mentalement :

— Et mon petit appartement du *troisième,* donc !

L'on aura tout-à-l'heure l'explication de ces paroles ; elles atténuaient sans doute la généreuse conduite de *l'homme ;* mais elles témoignaient de l'intelligence du *propriétaire.*

— Monsieur, — reprit Herminie en voyant M. Bouffard retenir Gerald, — je vous en prie...

— Oh ! ma chère demoiselle, — reprit M. Bouffard, — il n'y a pas de *Monsieur* qui tienne... Vous saurez au moins pourquoi j'ai

ramené ici ce brave jeune homme... Je ne veux pas, moi, que vous croyiez que c'est dans l'intention de vous chagriner. Voilà le fait: le hasard m'a fait rencontrer Monsieur près de la barrière. — Ah! ah! mon gaillard, lui ai-je dit, vous êtes encore bon enfant avec vos *jaunets;* les voilà... vos jaunets, et n'y revenez plus, s'il vous plaît; — et, là-dessus, je lui raconte de quelle manière vous avez reçu le joli service qu'il vous a rendu... et combien vous avez pleuré: alors Monsieur devient rouge, pâle, vert, et me dit, tout bouleversé de ce que je lui racontais : « Ah! Mon-
« sieur, j'ai outragé, sans le vouloir, une
« jeune personne que son isolement rend
« plus respectable encore; je lui dois des
« excuses, une réparation; ces excuses, cette
« réparation, je les lui ferai devant vous...

« Monsieur, qui, involontairement, avez été
« complice de cette offense. Venez... Mon-
« sieur, venez. » — Ma foi, Mademoiselle, ce
brave jeune homme m'a dit ça d'une façon...
enfin d'une façon qui m'a tout remué; car,
je ne sais pas ce que j'ai aujourd'hni, je suis
sensible... comme une faible femme. J'ai
trouvé qu'il avait raison de vouloir vous demander excuse, ma chère demoiselle, et je
l'ai amené, ou plutôt c'est lui qui m'a amené,
car il m'a pris par le bras et m'a fait marcher
d'une force... saperlotte, c'était le pas gym-
nastique accéléré, ou je ne m'y connais
point.

Les paroles de M. Bouffard avaient un tel
accent de vérité, qu'Herminie ne put s'y
tromper; aussi, obéissant à l'équité de son

caractère, et déjà touchée des larmes qu'elle avait vues briller un instant dans les yeux de Gerald, elle lui dit avec une inflexion de voix qui annonçait d'ailleurs son désir de terminer là cette explication pénible pour elle.

— Soit, Monsieur, l'offense dont j'ai à me plaindre... avait été involontaire, et ce n'est pas pour aggraver cette offense que vous êtes venu ici... je crois tout cela, Monsieur... vous êtes satisfait... je pense...

— Si vous l'exigez, Mademoiselle, — répondit Gerald d'un air triste et résigné, — je me retire à l'instant... je ne me permettrai pas d'ajouter un mot à ma justification.

— Voyons, ma chère demoiselle, — dit

M. Bouffard, — ayez donc un peu de pitié, vous m'avez bien laissé parler... Écoutez, Monsieur.

Le duc de Senneterre prenant le silence d'Herminie pour un assentiment, lui dit :

— Voici, Mademoiselle, toute la vérité : Je passais tantôt dans cette rue... comme je cherche à louer un petit appartement, je me suis arrêté devant la porte de cette maison, où j'ai vu plusieurs écritaux.

— Oui, oui, et tu le loueras, mon *petit troisième!* va, je t'en réponds..;.. — pensa M. Bouffard, qui, on le voit, n'avait pas ramené Gerald sans une arrière-pensée *locative* très prononcée.

Le jeune duc poursuivit :

— J'ai demandé à visiter ces logements... et, précédant la portière de cette maison, qui devait, m'a-t-elle dit, bientôt me rejoindre, j'ai monté l'escalier... Arrivant au palier du premier étage, mon attention a été attirée par une voix timide, suppliante, qui implorait... Cette voix, c'était la vôtre, Mademoiselle... vous imploriez Monsieur... A ce moment, je l'avoue, je me suis arrêté, non pour commettre une lâche indiscrétion, je vous le jure... mais je me suis arrêté, comme on s'arrête, malgré soi, en entendant une plainte touchante... Alors, — continua Gerald, en s'animant d'une généreuse émotion, — alors, Mademoiselle, j'ai tout entendu, et ma première pensée a été de me dire qu'une femme se trouvait dans une position pareille dont je pouvais à l'instant la sauver, et cela sans jamais être connu d'elle ; aussi, voyant presque aussitôt du haut du palier ou j'étais resté, Monsieur sortir de chez vous... et monter vers moi... je l'ai abordé...

— Oui, — continua M. Bouffard, — en me disant très brutalement, ma foi : — voilà de l'or, payez-vous, Monsieur, et ne tourmentez pas davantage une personne qui n'est sans doute que trop à plaindre... — Si je ne vous ai pas raconté la chose ainsi tout-à-l'heure, ma chère demoiselle, c'est que d'abord j'ai voulu faire une drôlerie... et puis, qu'après... j'ai été tout ahuri de vous voir si chagrine.

— Voilà mes torts, Mademoiselle,—reprit

Gerald, — j'ai obéi à un mouvement irréfléchi... généreux peut-être, mais dont je n'ai pas calculé les fâcheuses conséquences ; j'ai malheureusement oublié que le droit sacré de rendre certains services n'appartient qu'aux amitiés éprouvées... j'ai oublié enfin que, si spontanée, si désintéressée... que soit la commisération, elle n'en est pas moins quelquefois une cruelle injure... Monsieur, en me racontant tout-à-l'heure votre juste indignation, Mademoiselle, m'a éclairé sur le mal qu'involontairement j'avais fait..... j'ai cru de mon devoir d'honnête homme... de venir vous en demander pardon en vous exposant simplement la vérité, Mademoiselle... Je n'avais jamais eu l'honneur de vous voir, j'ignore votre nom, je ne vous reverrai sans doute jamais... puissent mes paroles vous convaincre que je n'ai pas voulu vous offenser, Mademoiselle, car c'est surtout à cette heure que je comprends... la gravité de mon inconséquence.

Gerald disait la vérité (omettant nécessairement d'expliquer la destination du petit appartement qui devait lui servir de *pied-à-terre amoureux,* ainsi qu'il l'avait confié à Olivier).

Ainsi donc Gerald disait vrai... et sa sincérité, son émotion, le tact, la convenance parfaite de ses explications persuadèrent Herminie.

La jeune fille, d'ailleurs, avait, dans son ingénuité, été surtout frappée d'une chose... puérile en apparence, mais significative pour elle, c'est que l'inconnu cherchait *un petit appartement,* donc l'inconnu n'était pas riche, donc il s'était sans doute exposé à quelque privation pour se montrer si malencontreusement généreux envers elle, donc c'était presque d'égal à égal qu'il avait voulu rendre service à une inconnue.

Ces considérations, renforcées peut-être, et pourquoi non? de l'influence qu'exerce presque toujours une charmante figure, remplie de franchise et d'expression, ces considérations apaisèrent le courroux d'Herminie ; et cette orgueilleuse, si hautaine en dépit de cet entretien, se sentit d'autant plus embarrassée pour le terminer, que, loin d'éprouver dès-lors la moindre indignation contre Gerald, elle était vraiment émue de la pensée généreuse à laquelle il avait obéi, et dont il venait de donner une loyale explication.

Herminie, trop franche pour cacher sa pensée, dit à Gerald avec une sincérité charmante :

— Mon embarras... est grand... à cette heure, Monsieur, car j'ai à me reprocher d'avoir mal interprété... une action... dont j'apprécie maintenant la bonté... Je n'ai plus qu'à vous prier, Monsieur, de vouloir bien oublier la vivacité de mes premières paroles.

— Permettez-moi de vous dire qu'au contraire, je ne les oublierai jamais, Mademoiselle... — répondit Gerald, — car elles me rappelleront toujours qu'il est une chose que l'on doit avant tout respecter chez une femme... c'est sa *dignité*.

Et Gerald, saluant respectueusement Herminie, se préparait à sortir.

M. Bouffard avait, bouche béante, écouté la dernière partie de cet entretien, aussi inintelligible pour lui que si les interlocuteurs avaient parlé turc. L'ex-épicier, arrêtant Gerald qui se dirigeait vers la porte, lui dit, croyant faire un superbe coup de partie :

— Minute, mon digne Monsieur... minute... Puisque Mademoiselle n'est plus fâchée contre vous... il n'y a pas de raison pour que vous ne preniez pas mon joli *petit troisième,* composé, je vous l'ai dit, d'une entrée... de deux jolies chambres, dont l'une peut servir de salon, et d'une petite cuisine... charmant logement de garçon.

A cette proposition de M. Bouffard, Herminie devint très inquiète : il lui eût été pénible de voir loger Gerald dans la même maison qu'elle.

Mais le jeune duc répondit à M. Bouffard :

— Je vous ai déjà dit, mon cher Monsieur, que ce logement ne me convenait pas.

— Parbleu ! parce que cette chère demoiselle était fâchée contre vous... et que c'est ennuyant d'être en *bisbille* entre locataires ; mais maintenant que cette chère demoiselle vous a pardonné, vous êtes à même d'apprécier la gentillesse de mon *petit troisième ?* Et vous le prenez?

— Maintenant..... je le prendrais encore moins, — répondit Gerald, en se hasardant de regarder Herminie.

La jeune fille ne leva pas les yeux, mais rougit légèrement, elle était sensible à la délicatesse du refus de Gerald.

— Comment! — s'écria M. Bouffard abasourdi, — maintenant que vous êtes raccommodé avec Mademoiselle, vous pouvez *encore moins* loger chez moi? Je ne comprends pas du tout... Il faut donc qu'en revenant vous ayez trouvé des inconvénients dans *ma* maison?..... *ma* portière a dû pourtant vous dire...

— Ce ne sont pas précisément des inconvénients qui me privent du plaisir de loger chez vous, mon cher Monsieur, — répondit Gerald, — mais...

— Allons, je vous lâche le logement à deux cent cinquante francs... un compte rond... c'est donné... — dit M. Bouffard, — avec une petite cave... par-dessus le marché!

— Impossible, mon cher Monsieur, absolument impossible.

— Mettons deux cent quarante et n'en parlons plus.

— Je vous ferai observer, mon cher Monsieur, — dit à demi-voix Gerald à M. Bouffard, — que ce n'est pas chez Mademoiselle que nous devons débattre le prix de votre appartement, débat d'ailleurs absolument inutile.

Et s'adressant à Herminie, le jeune duc lui dit en s'inclinant devant elle :

— Croyez, Mademoiselle... que je conserverai toujours un précieux souvenir de cette première et dernière entrevue...

La jeune fille salua gracieusement sans lever les yeux.

Gerald sortit de chez Herminie, opiniâtrément poursuivi par M. Bouffard, bien décidé à ne pas ainsi lâcher sa proie.

Mais malgré les offres séduisantes du propriétaire, Gerald fut inflexible. De son côté, M. Bouffard s'opiniâtra, et le jeune duc, pour se débarrasser de ce fâcheux, et peut-être aussi pour rêver plus à loisir à l'étrange incident qui l'avait rapproché d'Herminie, le jeune duc hâta le pas, et dit à ce propriétaire aux abois qu'il dirigeait sa promenade du côté des fortifications.

Ce disant, M. de Senneterre prit en effet ce chemin, laissant M. Bouffard au désespoir d'avoir manqué cette belle occasion de louer son charmant *petit troisième*.

Gerald ayant atteint le chemin stratégique des fortifications, qui, à cet endroit, coupe la plaine de Monceau, se promenait profondément rêveur.

Le souvenir de la rare beauté d'Herminie, la dignité de son caractère, jetaient le jeune duc dans un trouble croissant... Plus il se disait qu'il avait vu cette ravissante créature pour la première et pour la dernière fois... plus cette pensée l'attristait... plus il se révoltait contre elle.

Enfin, analysant, comparant pour ainsi dire à tous ses souvenirs amoureux, ce qu'il ressentait de soudain, de profond pour Herminie, et ne trouvant rien de pareil dans le passé, Gerald se demandait avec une sorte d'inquiétude :

— Ah çà !... mais... est-ce que cette fois... je serais sérieusement pris ?

Gerald venait de se poser cette question,

lorsqu'il fut croisé par un officier du génie militaire, portant une redingote d'uniforme sans épaulettes, et coiffé d'un large chapeau de paille.

— Tiens, — dit l'officier en regardant Gerald, — c'est Senneterre?...

Le jeune duc releva la tête et reconnut un de ses anciens compagnons de l'armée d'Afrique, nommé le capitaine Comtois; il lui tendit cordialement la main.

— Bonjour, mon cher Comtois, je ne m'attendais pas à vous rencontrer ici... quoique vous soyez *chez vous,* — ajouta Gerald en montrant du regard les fortifications.

—Ma foi oui, mon cher, nous piochons ferme; l'ouvrage avance... je suis le général en chef de cette armée de braves manœuvres et de maçons que vous voyez là-bas... En Afrique, nous faisions sauter les murailles, ici nous en élevons... Ah çà ! vous venez donc voir nos travaux ?

— Oui, mon cher... une vraie curiosité de Parisien... de badaud.

— Ah çà ! quand vous voudrez... ne vous gênez pas... je vous conduirai partout.

— Mille remercîments de votre obligeance, mon cher Comtois... un de ces jours je viendrai vous rappeler votre promesse.

— C'est dit, venez sans façon déjeûner à la cantine, car je campe là-bas... ça vous rappellera nos bivouacs... vous retrouverez d'ailleurs au camp quelques *Bédouins*... Eh ! mon Dieu ! j'y pense ! vous vous souvenez de Clarville, lieutenant des spahis, qui, par un coup de tête, avait donné sa démission, afin de pouvoir, un an après, avoir la facilité de se couper la gorge avec le colonel Duval, auquel il a coupé en effet, non la gorge, mais le ventre ?

— Clarville ?... un brave garçon ?... je me le rappelle parfaitement.

— Eh bien ! une fois sa démission donnée, il n'avait qu'une petite rente pour vivre... une faillite la lui a enlevée, et si le hasard ne me l'avait fait rencontrer, il mourrait de faim... Heureusement je l'ai pris comme conducteur de travaux, et au moins il a de quoi vivre...

— Pauvre garçon... tant mieux.

— Je crois bien : d'autant plus qu'il s'est marié... un mariage... d'amour... c'est-à-dire sans le sou... deux petits enfants par la-dessus... vous jugez... Enfin il met à peu près les deux bouts... mais à grand'peine. J'ai été le voir, il demeure dans une petite ruelle au bout de la rue de Monceau.

— Au bout de la rue de Monceau? — dit vivement Gerald, — pardieu! il faudra que j'aille aussi le voir, ce brave Clarville.

— Vrai ! eh bien ! vous lui ferez un fameux plaisir, mon cher Senneterre, car, lorsqu'on est malheureux, les visiteurs sont rares...

— Et le numéro de la maison ?

— Il n'y a que cette maison dans la ruelle. Dam, vous verrez, c'est bien pauvre, toute la petite famille occupe là deux mauvaises chambres... Mais, diable! voici le second coup de cloche, — dit le capitaine Courtois en entendant un tintement redoublé,—il faut que je vous quitte, mon cher Senneterre, pour faire l'appel de mon monde... allons, adieu... n'oubliez pas votre promesse...

— Non, certes...

— Ainsi je puis dire à ce brave Clarville que vous l'irez voir?

— J'irai... peut-être demain.

— Tant mieux... vous le rendrez bien heureux... Adieu, Senneterre.

— Adieu, mon cher... et à bientôt...

— A bientôt donc. N'oubliez pas l'adresse de Clarville.

— Je n'ai garde de l'oublier, — pensa Gerald, la ruelle où il demeure, doit borner le jardin de la maison où je viens de voir cette adorable jeune fille.

Pendant que le capitaine doublait le pas afin d'aller gagner une espèce d'agglomération de cabanes en planches, que l'on voyait au loin; Gerald, resté seul, se promena encore longtemps avec une sorte d'agitation fiévreuse.

Le soleil déclinait lorsqu'il sortit de sa rêverie.

— Je ne sais pas ce qu'il adviendra de tout ceci, — se dit-il; — mais cette fois... et c'est la seule, je le sens... je suis pris... et très sérieusement pris.

VIII

Malgré l'impression profonde et si nouvelle que Gerald avait conservée de son entrevue avec Herminie, il s'était rencontré avec Ernestine de Beaumesnil; car, selon les projets des la Rochaiguë, *la plus riche héritière* de France avait été, soit indirectement, soit directement, mise en rapport avec ses trois prétendants.

Un mois environ s'était passé depuis ces différentes présentations et depuis la première entrevue de Gerald et d'Herminie, entrevue dont on saura plus tard les suites.

Onze heures du soir venaient de sonner.

Mademoiselle de Beaumesnil, retirée seule dans son appartement, semblait réfléchir profondément : sa physionomie n'avait rien perdu de sa douceur candide ; mais parfois un sourire amer... presque douloureux, contractait ses lèvres, et son regard annonçait alors quelque chose de résolu qui contrastait avec l'ingénuité de ses traits.

Soudain mademoiselle de Beaumesnil se leva, se dirigea vers la cheminée et posa la main sur le cordon de la sonnette........ puis elle s'arrêta un moment, indécise et comme hésitant devant une grave détermination. Paraissant enfin prendre un parti décisif, elle sonna.

Presqu'aussitôt parut madame Lainé, sa gouvernante, l'air obséquieux et empressé.

— Mademoiselle...... a besoin de quelque chose ?

— Ma chère Lainé.... asseyez-vous là.

— Mademoiselle est trop bonne...

— Asseyez-vous là, je vous en prie, et causons...

— C'est pour obéir à mademoiselle, — dit la gouvernante très surprise de la familiarité de sa jeune maîtresse, qui l'avait toujours traitée jusqu'alors avec une extrême réserve.

— Ma chère Lainé, — lui dit mademoiselle de Beaumesnil d'un ton affectueux, — vous m'avez souvent répété que je pouvais compter... sur votre attachement?

— Oh! oui, mademoiselle.

— Sur votre dévoûment?

— Il est à la vie, à la mort...... mademoiselle.

— Sur votre discrétion?

— Je ne demande qu'une chose à mademoiselle,—répondit la gouvernante de plus en plus charmée de ce début, — que mademoiselle me mette à l'épreuve... elle me jugera.

— Eh bien! je vais vous mettre à l'épreuve....

— Quel bonheur!... une marque de confiance de la part de mademoiselle!

— Oui... une marque d'extrême confiance, et j'espère que vous la mériterez...

— Je jure à mademoiselle... que...

— C'est bien, je vous crois,—dit Ernestine en interrompant les protestations de sa gouvernante; — mais, dites-moi : il y a aujourd'hui huit jours... vous m'avez demandé..... de vous accorder votre soirée du lendemain, pour aller à une petite réunion que donne chaque dimanche une de vos amies, nommée.... Comment s'appelle-t-elle? j'ai oublié son nom.

— Elle s'appelle madame Herbaut, mademoiselle. Cette amie.... a deux filles, et chaque dimanche elle réunit quelques personnes de leur âge... Je croyais l'avoir dit à mademoiselle en lui demandant la permission d'assister à cette réunion.

— Et quelles sont ces jeunes personnes?

— Mais, mademoiselle,—répondit la gouvernante ne voyant pas où mademoiselle de Beaumesnil voulait en venir,—les jeunes filles qui fréquentent la maison de madame Herbaut sont, en général, des demoiselles de magasin, ou bien encore de jeunes personnes qui donnent des leçons de musique ou de dessin...... il y a aussi des teneuses de livres de commerce... Quant aux hommes... ce sont des commis, des artistes, des clercs de notaire...... mais tous braves et honnêtes jeunes gens; car madame Herbaut est très sévère sur le choix de sa société en hommes et en femmes; cela se conçoit, elle a des filles à marier, et, entre nous, mademoiselle, c'est pour arriver à les établir qu'elle donne ces petites réunions...

— Ma chère Lainé,—dit Ernestine comme s'il se fût agi de la chose la plus simple du monde, — je veux assister à l'une des réunions de madame Herbaut...

— Mademoiselle!..... — s'écria la gouvernante qui croyait avoir mal entendu, — que dit mademoiselle?

— Je dis que je veux assister à l'une des réunions de madame Herbaut... demain soir, par exemple.

— Ah! mon Dieu! — reprit la gouvernante avec stupeur, — c'est sérieusement que mademoiselle dit cela?

— Très sérieusement...

— Comment? vous! mademoiselle, vous! chez de si petits bourgeois! mais, c'est impossible, mademoiselle n'y songe pas!

— Impossible! pourquoi?

— Mais, mademoiselle, M. le baron et madame la baronne n'y consentiront jamais!

— Aussi, je ne compte pas leur faire cette demande...

La gouvernante ne comprenait pas encore, et reprit :

— Comment! mademoiselle irait chez madame Herbaut sans en parler à M. le baron?...

— Certainement.

— Mais alors, comment ferez-vous, mademoiselle?

— Ma chère Lainé, vous m'avez encore tout-à-l'heure dit que je pouvais compter sur vous.

— Et je vous le répète, mademoiselle.

— Eh bien ! il faut que demain soir vous me présentiez à la réunion de madame Herbaut.

— Moi !... mademoiselle... En vérité, je ne sais si je rêve ou si je veille.

— Vous ne rêvez pas ; ainsi, demain soir, vous me présenterez chez madame Herbaut comme l'une de vos parentes..... une orpheline...

— L'une de mes parentes..... Ah ! mon Dieu ! je n'oserai jamais... et...

— Laissez-moi achever...... Vous me présenterez, dis-je, comme une de vos parentes nouvellement arrivée de province...... et qui

exerce la profession de.... de brodeuse.......
par exemple.... Mais, souvenez-vous bien
que si vous commettiez la moindre indiscrétion ou la moindre maladresse.... que si l'on
pouvait enfin se douter... que je ne suis pas
ce que je veux paraître, c'est-à-dire une orpheline qui vit de son travail, vous ne resteriez pas une minute à mon service..... tandis
que si, au contraire, vous suivez bien mes
instructions.... vous pouvez tout attendre de
moi.

— En vérité, mademoiselle, je tombe de
mon haut... je n'en reviens pas... Mais pourquoi mademoiselle veut-elle que je la présente comme ma parente.... comme une orpheline... chez madame Herbaut? Pourquoi
ne pas...

— Ma chère Lainé, assez de questions..... puis-je compter sur vous? oui ou non.

— Oh! mademoiselle, à la vie, à la mort; mais...

— Pas de mais... et un dernier mot : Vous n'êtes pas sans savoir, — ajouta la jeune fille avec un sourire d'une amertume étrange, — que je suis *la plus riche héritière de France?*

— Certainement, mademoiselle; tout le monde le sait et le dit; il n'y a pas une fortune aussi grande que celle de mademoiselle...

— Eh bien! si vous faites ce que je vous demande, si vous êtes surtout d'une discrétion à toute épreuve..... à toute épreuve, entendez-vous bien?... j'insiste là-dessus, car il faut absolument que chez madame Herbaut l'on me croie ce que je tiens à paraître : *une pauvre orpheline vivant de son travail......* En un mot si, grâce à votre intelligence et à votre extrême discrétion, tout se passe comme je le désire, vous verrez de quelle façon *la plus riche héritière de France* acquitte les dettes de reconnaissance.

— Ah! — fit la gouvernante avec un geste de désintéressement superbe, — ce que dit mademoiselle est bien pénible pour moi..... Mademoiselle peut-elle croire que je mets un prix à mon dévoûment?

— Non; mais je tiens, moi, à mettre un prix à ma reconnaissance.

— Mon Dieu! mademoiselle, vous le savez bien; demain, vous seriez pauvre comme moi, que je vous serais aussi dévouée.

— Je n'en doute pas le moins du monde; mais, en attendant que je sois pauvre, faites ce que je vous demande... conduisez-moi demain chez madame Herbaut.

— Permettez, mademoiselle... raisonnons un peu, et vous allez voir toutes les impossibilités de votre projet.

— Quelles sont ces impossibilités?

— D'abord.... comment faire pour disposer de toute votre soirée de demain, mademoiselle? M. le baron, madame la baronne, mademoiselle Héléna ne vous quittent pas.

— Rien de plus simple.... Je dirai demain matin que j'ai passé une mauvaise nuit...... que je me sens souffrante... Je resterai toute la journée dans ma chambre...... Sur les six heures du soir... vous irez dire que je repose et que j'ai absolument défendu que l'on entre chez moi.... Mon tuteur et sa famille respectent si profondément mes moindres volontés... — ajouta mademoiselle de Beaumesnil avec un mélange de tristesse et de dédain, — que l'on n'osera pas interrompre mon sommeil.

— Oh! pour cela, mademoiselle a raison, personne n'oserait la contredire ou la contrarier en rien... Mademoiselle dirait à M. le baron de marcher sur la tête, et à madame la baronne ou à mademoiselle Héléna de se masquer en plein carême, qu'ils le feraient sans broncher.

— Oh! oui, ce sont assurément d'excellents parents, remplis de tendresse et de dignité,—reprit Ernestine avec une expression singulière; — eh bien! vous voyez que me voilà déjà libre de toute ma soirée de demain.

— C'est quelque chose, mademoiselle; mais pour sortir d'ici?

— Pour sortir d'ici?

— Oui, mademoiselle; pour sortir...... de l'hôtel sans être rencontrée par personne dans l'escalier, sans être vue du concierge?

— Cela vous regarde; cherchez un moyen.

— Ecoutez donc, mademoiselle, c'est bien facile à dire : un moyen... un moyen...

— J'avais, en effet, prévu cet obstacle ; mais je me suis dit... ma chère Lainé est très intelligente........ elle viendra à mon secours.

— Dieu sait si je le voudrais, mademoiselle ! pourtant... je ne vois pas...

— Cherchez bien... Je ne suis jamais montée chez moi que par le grand escalier... N'y a-t-il pas des escaliers..... de service...... qui conduisent à cet appartement ?

— Sans doute, mademoiselle, il y a deux escaliers de service ; mais vous risqueriez d'y être rencontrée par les gens de la maison....

à moins, — dit la gouvernante en réfléchissant, — à moins que mademoiselle ne choisisse le moment où les gens seront à dîner... sur les huit heures... par exemple.

— A merveille..... votre idée est excellente.

— Que mademoiselle ne se réjouisse pas trop tôt !

— Pourquoi cela ?

— Il faudra toujours que mademoiselle passe devant la loge du concierge.... un vrai cerbère...

— C'est vrai..... trouvez donc un autre moyen !

— Mon Dieu! mademoiselle, je cherche, mais... c'est si difficile!...

— Oui....... mais pas impossible, il me semble...

— Ah! mon Dieu!—dit soudain la gouvernante après avoir réfléchi,—quelle idée!.....

— Voyons vite... cette idée!

— Pardon, mademoiselle, je ne réponds encore de rien... mais il serait peut-être possible... Je sors, et je reviens dans l'instant, mademoiselle.

La gouvernante sortit précipitamment. L'orpheline resta seule.

— Je ne m'étais pas trompée, — dit-elle avec une expression de dégoût et de tristesse,

— cette femme a une âme vénale et basse.... comme tant d'autres.... mais du moins cette vénalité..... cette bassesse même me répondent de sa soumission, et surtout de sa discrétion.

Au bout de quelques minutes, la gouvernante rentra le visage rayonnant.

— Victoire! mademoiselle.

— Expliquez-vous!

— Mademoiselle sait que son cabinet de toilette donne dans ma chambre?

— Ensuite?

— A côté de ma chambre, il y a une grande pièce où sont les armoires pour les robes de mademoiselle?

— Eh bien ?

— Cette pièce a une porte qui s'ouvre sur un petit escalier autre que celui de service... et auquel je n'avais jusqu'ici fait aucune attention.

— Et cet escalier... où va-t-il aboutir ?

— Il aboutit à une petite porte condamnée qui, autant que j'en ai pu juger, doit s'ouvrir au bas du corps de logis qui est en retour sur la rue.

— Ainsi, — dit vivement mademoiselle de Beaumesnil, — cette porte donnerait sur la rue ?

— Oui, mademoisalle, et ce n'est pas étonnant ; dans presque tous les grands hôtels de ce quartier, il y a de ces petites portes dérobées conduisant près des chambres à coucher, parce qu'autrefois..... les femmes de la cour...

— Les femmes de la cour?

Demanda si naïvement Ernestine à sa gouvernante, que celle-ci baissa les yeux devant l'innocent regard de la jeune fille, et, craignant d'aller trop loin et de compromettre sa récente familiarité avec Ernestine, madame Lainé reprit :

— Je ne veux pas ennuyer mademoiselle de caquets d'antichambre.

— Et vous avez raison. — Mais, si cette porte qui donne sur la rue est condamnée, comment l'ouvrir?

— Il m'a semblé qu'elle était verrouillée et fermée en dedans.... Mais, que mademoiselle soit tranquille, j'ai toute la nuit devant moi... et, demain matin, j'espère pouvoir en rendre bon compte à mademoiselle.

— A demain, donc, ma chère Lainé..... Si vous avez besoin de prévenir à l'avance votre amie madame Herbaut, que vous devez le soir lui présenter une de vos parentes...... n'y manquez pas.

— Je le ferai, quoique ce ne soit pas indispensable. Mademoiselle, présentée par moi, sera accueillie comme moi-même : entre petites gens, on ne fait pas tant de façons........

— Allons, c'est entendu... Mais, je vous le répète une dernière fois... j'attends de vous la plus entière discrétion..... votre fortune à venir est à ce prix...

— Mademoiselle pourra m'abandonner, me renier comme une malheureuse, si je manque à ma parole.

— J'aimerai bien mieux avoir à vous récompenser....... Occupez-vous donc de cette porte... et... à demain.

— Mon Dieu! mademoiselle, que tout cela est donc extraordinaire!

— Que voulez-vous dire?

— Je parle du désir qu'a mademoiselle d'être présentée chez madame Herbaut. Je n'aurais jamais cru que mademoiselle pût avoir une idée pareille....... Du reste, je suis bien tranquille, — ajouta la gouvernante d'un air grave et compassé,—je connais mademoiselle, elle ne voudrait pas engager une pauvre femme comme moi dans une démarche fâcheuse... compromettante... et sans oser me permettre d'adresser une question à mademoiselle.... ne pourrai-je pas.... par cela même que je ne dois parler de ceci à personne au monde... ne pourrais-je pas savoir pourquoi mademoiselle...

— Bonsoir, ma chère Lainé, — dit mademoiselle de Beaumesnil en se levant et en interrompant sa gouvernante ;—demain matin vous me tiendrez au courant de vos recherches de cette nuit.

Trop heureuse d'avoir enfin un secret entre sa jeune maîtresse et elle, secret qui, à ses yeux, était le gage d'une confiance qui assurait sa fortune, la gouvernante se retira discrètement.

Mademoiselle de Beaumesnil resta seule.

Après quelques moments de réflexions, l'orpheline ouvrit son nécessaire et écrivit ce qui suit sur l'album, où elle tenait une sorte de journal de sa vie, journal que, par un pieux souvenir, elle adressait à la mémoire de sa mère.

IX

« La résolution que je viens de prendre,
« chère maman, — écrivait Ernestine de
« Beaumesnil sur son journal, — est peut-
« être dangereuse... j'ai tort... je le crains ;
« mais à qui, mon Dieu ! demander conseil ?

« A toi, tendre mère, je le sais..... aussi

« est-ce en t'invoquant que j'ai pris cette
« étrange détermination.

« Oui, car il faut qu'à tout prix j'éclaircisse
« des doutes qui, depuis quelques temps, me
« mettent au supplice...

« Tout-à-l'heure, chère maman, je te dirai
« quels sont mes projets, et pourquoi je m'y
« suis décidée.

« Depuis plusieurs jours, bien des choses
« se sont révélées à moi ; choses si nouvelles,
« si tristes, qu'elles ont jeté mon esprit dans
« un trouble extrême.

« C'est à peine si je puis à cette heure
« mettre un peu d'ordre dans mes idées, afin
« de te faire lire au plus profond de mon
« cœur, bonne et tendre mère.

« Pendant les premiers temps de mon ar-
« rivée dans cette maison, je n'ai eu qu'à me
« louer... de mon tuteur et de sa famille; je
« ne leur reprochais qu'un excès de préve-
« nances et de flatteries.

« Ces prévenances, ces flatteries n'ont pas
« cessé; elles ont au contraire augmenté, si
« cela est possible...

« Mon esprit, mon caractère, et jusqu'à
« mes paroles les plus insignifiantes, tout est
« loué, tout est exalté outre mesure. Quant à
« ma figure, à ma taille, à ma tournure, à
« mes moindres mouvements... tout est non
« moins gracieux, charmant, divin; enfin il
« n'est pas au monde une créature plus ac-
« complie... que moi.

« La pieuse mademoiselle Héléna, qui ne
« ment jamais, m'assure que j'ai l'air d'une
« MADONE.

« Madame de La Rochaiguë me dit, avec
« sa *brutale franchise*, que je réunis tant de
« rares distinctions en attraits, en élégance,
« qu'un jour je deviendrai, malgré moi, LA
« FEMME LA PLUS A LA MODE DE PARIS.

« Enfin, selon mon tuteur, homme grave
« et réfléchi, la grâce de mon visage, la di-
« gnité de mon maintien, me donnent une
« ressemblance frappante avec la belle DU-
« CHESSE DE LONGUEVILLE, si célèbre sous la
« Fronde.

« Et comme, un jour, je m'étonnais, dans
« ma naïveté, de ressembler à tant de per-

« sonnes à la fois, sais-tu, ma chère maman,
« ce que l'on m'a répondu ?

« — *Cela est très simple...vous réunissez, Made-*
« *moiselle, les charmes les plus divers; aussi cha-*
« *cun trouve-t-il en vous l'attrait qu'il préfère...*

« Et ces flatteries me poursuivent partout,
« m'atteignent partout.

« Le coiffeur vient-il accommoder mes
« cheveux? de sa vie il n'a vu plus admirable
« chevelure...

« On me conduit chez la modiste..... — A
« quoi bon choisir une forme de chapeau
« plutôt qu'une autre? — dit cette femme, —
« avec une figure comme celle de Mademoi-
« selle, tout paraît charmant et du meilleur
« goût.

« La couturière affirme, de son côté, que
« telle est l'incroyable élégance de ma taille
« que, *vêtue d'un sac*... je ferais le désespoir
« des femmes les plus citées pour leurs per-
« fections naturelles.

« Il n'est pas jusqu'au cordonnier, obligé,
« dit-il, de faire faire des *formes* particulières,
« n'ayant jamais eu à chausser un aussi petit
« pied que le mien.

« Le gantier, par exemple, est plus franc,
« il prétend que j'ai tout simplement *une main*
« *de naine*.

« Tu le vois, chère maman, il s'en faut de
« peu que je tombe dans le phénomène.....
« dans la curiosité.

« Oh! ma mère... ma mère... ce n'est pas

« ainsi que tu louais ta fille, lorsque, prenant
« ma tête entre tes deux mains, tu me disais
« en me baisant au front :

« — Ma pauvre Ernestine, tu n'es ni belle
« ni jolie... mais la candeur... et la bonté de
« ton âme se lisent si visiblement sur ton
« doux visage... que, pour toi... je ne regrette
« pas la beauté.

« Et à ces louanges, les seules que tu m'aies
« jamais données, ma mère, je croyais ! J'en
« étais heureuse... car je me sentais le cœur
« simple et bon.

« Mais, hélas !..... ce cœur que tu aimais
« ainsi, chère maman... est-il resté digne de
« toi ? je ne sais...

« Jamais je n'avais connu la défiance, le

« doute, la moquerie amère... et depuis quel-
« ques jours ces tristes et mauvais sentiments
« se sont tout-à-coup développés en moi
« avec une rapidité dont je suis aussi surprise
« qu'alarmée...

« Ce n'est pas tout...

« Il faut qu'il y ait quelque chose de dan-
« gereusement pénétrant dans la flatterie ;
« car, à toi..... je dois tout dire..... Bien que
« taxant quelquefois d'exagération les louan-
« ges que l'on me prodiguait, je m'étais de-
« mandé comment il se faisait pourtant que
« tant de personnes de conditions différentes,
« n'ayant aucun rapport entre elles, se trou-
« vassent si unanimes pour me louer en tout
« et sur tout ?

« Il y a plus... L'autre jour, madame de

« La Rochaiguë m'a conduite à un concert...
« Je me suis aperçue que tout le monde me
« regardait..... quelques personnes, même,
« passaient et repassaient devant moi avec
« affectation, cependant j'étais bien simple-
« ment mise... à l'église, même... lorsque
« j'en sors... je ne suis pas sans voir que l'on
« me remarque.

« Et mon tuteur et sa famille de me dire :

« — Eh bien !..... vous avions-nous trom-
« pée ? Voyez *quel effet* vous produisez partout
« et sur tout le monde !

« A cela, à cette évidence, que pouvais-je
« répondre, chère maman ? Rien... Aussi...

« Ces louanges, ces flatteries commen-

« çaient, je l'avoue, à me paraître douces...
« Je m'en étonnais moins, et si parfois encore
« je les taxais d'exagération, je me répondais
« aussitôt :

« Mais pourquoi *l'effet* que je produis,
« comme dit mon tuteur, est-il si unanime ?

« Hélas! la cause de cette unanimité, on
« devait me l'apprendre.

« Voici ce qui m'est arrivé :

« Plusieurs fois, j'ai vu chez mon tuteur
« une personne dont je n'avais osé te parler
« jusqu'ici : c'est M. le marquis de Maillefort :
« il est difforme, il a l'air sardonique, et il ne
« dit à tout le monde que des méchancetés
« ou des douceurs ironiques, pires que des
« méchantes.

« Presque toujours, cédant à l'antipathie
« qu'il m'inspirait, j'avais trouvé le moyen
« de quitter le salon, très peu de temps après
« l'arrivée de ce méchant homme ; ces mar-
« ques de mon éloignement pour lui, étaient
« encouragées, favorisées par les personnes
« dont je suis entourée, car elles redoutent
« M. de Maillefort, quoiqu'elles l'accueillent
« avec une affabilité forcée.

« Il y a trois jours on l'annonce.

« Je me trouvais seule avec mademoiselle
« Héléna. Quitter le salon à l'instant même,
« eût été de ma part une impolitesse trop
« grande ; je restai donc, comptant me reti-
« rer au bout de quelques moments.

« Tel fut alors le court entretien de M. de
« Maillefort et de mademoiselle Héléna ; je

« me le rappelle comme si je l'entendais.....
« Hélas! je n'en ai pas perdu un seul mot!

« — Eh! bonjour donc, ma chère demoi-
« selle Héléna, — lui dit le marquis de son
« air sardonique, — je suis toujours ravi de
« voir mademoiselle de Beaumesnil auprès
« de vous... elle a tant à gagner dans vos
« pieux entretiens... elle a tant à profiter de
« vos excellents conseils, ainsi que de ceux
« de votre digne frère et de votre non moins
« digne belle-sœur!

« — Mais nous l'espérons bien, monsieur
« le marquis, nous remplissons en cela un
« devoir sacré envers mademoiselle de Beau-
« mesnil.

« — Certainement, — a répondu M. de

« Maillefort d'un ton de plus en plus sardo-
« nique, — à ce devoir sacré... vous et les
« vôtres, vous ne faillissez point : ne répétez-
« vous point sans cesse, et sur tous les tons,
« à mademoiselle de Beaumesnil : — *Vous*
« *êtes la plus riche héritière de France*... DONC
« vous êtes, en cette qualité, la personne du
« monde la plus admirablement accomplie...
« DONC la plus universellement douée...

« — Mais, Monsieur, — s'écria mademoi-
« selle Héléna en interrompant M. de Maille-
« fort, — ce que vous dites là...

« — Mais, Mademoiselle, — reprit le mar-
« quis, — j'en appelle à mademoiselle de
« Beaumesnil elle-même... qu'elle dise si, de
« toutes parts, ne retentit pas autour d'elle
« un éternel concert de louanges, magnifi-

« quement organisé d'ailleurs par ce cher
« baron, par sa femme et par vous, made-
« moiselle Héléna ; charmant concert dans
« lequel vous faites tous trois votre partie
« avec un talent enchanteur... avec une ab-
« négation touchante, avec un désintéresse-
« ment sublime ! Tous les rôles vous sont
« bons....... aujourd'hui simples chefs de
« chœur, vous donnez le ton à la foule des
« admirateurs de mademoiselle de Beaumes-
« nil... demain, brillants solos, vous impro-
« visez des hymnes à sa louange, où se
« révèlent toute l'étendue de vos ressources,
« toute la flexibilité de votre art... et surtout
« l'adorable sincérité de vos nobles cœurs...

« — Ainsi, Monsieur, — dit mademoiselle
« Héléna en devenant rouge de colère sans

« doute, — ainsi notre chère pupille n'a au-
« cune des qualités, aucun des agréments,
« aucun des charmes qui lui sont si unani-
« mement reconnus?

« — *Parce qu'elle est la plus riche héritière de*
« *France,* — répondit M. de Maillefort en s'in-
« clinant ironiquement devant moi, — et, en
« cette qualité, mademoiselle de Beaumes-
« nil a droit... aux flatteries les plus outra-
« geuses... et les plus... outrageantes... parce
« qu'elles sont mensongères et uniquement
« dictées par la bassesse ou par la cupidité. »

« Je me levai et je sortis, pouvant à peine
« contenir mes larmes...

. . . .

« Ces paroles, je ne les ai pas oubliées, ô
« ma mère !

« Toujours je les entends...

« Oh ! la méchanceté de M. de Maillefort a
« été pour moi une révélation ; mes yeux se
« sont ouverts... j'ai tout compris...

« Ces louanges de toutes sortes, ces préve-
« nances, ces protestations d'attachement
« dont on m'accable ; l'*effet* que j'ai produit
« dans quelques réunions et jusqu'aux flatte-
« ries de mes fournisseurs, tout cela s'adresse
« à *la plus riche héritière de France*...

« Ah! ma mère, ce n'était donc pas sans
« raison que je t'écrivais l'impression dou-
« loureuse, étrange, que j'ai ressentie, lors-

« que, le lendemain de mon arrivée dans
« cette maison, l'on m'a si pompeusement
« annoncé que j'étais maîtresse d'une fortune
« énorme.

« *Il me semble,* — te disais-je, — *que je suis*
« *dans la position d'une personne qui possède un*
« *trésor..... et qui craint à chaque instant d'être*
« *volée.*

« Cette impression, alors confuse, inexpli-
« cable, je la comprends maintenant.

« C'était le vague pressentiment de cette
« crainte, de cette défiance inquiète, ombra-
« geuse, amère, dont je suis poursuivie sans
« relâche... depuis que cette pensée acca-
« blante est sans cesse présente à mon es-
« prit :

« — *C'est uniquement à ma fortune que s'adres-*
« *sent toutes les marques d'affection que l'on me*
« *témoigne, toutes les louanges que l'on m'accor-*
« *de.....*

« Oh! je te le répète, ma mère, la mé-
« chanceté de M. de Maillefort a du moins
« eu, contre son gré, un bon résultat ; sans
« doute cette révélation m'a fait et me fera
« cruellement souffrir... mais, au moins, elle
« m'éclaire, elle explique, elle autorise l'es-
« pèce d'éloignement incompréhensible et
« toujours croissant que m'inspiraient mon
« tuteur et sa famille.

« Cette révélation me donne enfin la clé de
« l'obséquiosité, des basses prévenances dont
« je suis partout et toujours entourée.

« Et cependant, chère et tendre mère,

« c'est maintenant que mes aveux deviennent
« pénibles... même envers toi...

« Oui... je te l'ai dit... soit que l'atmosphère
« d'adulation et de fausseté où je vis mainte-
« nant m'ait déjà corrompue... soit peut-être
« que je recule devant ce qu'il y a d'horrible
« dans cette pensée :

« *Toutes les louanges, toutes les preuves d'affec-*
« *tion que l'on me donne ne sont adressées qu'à*
« *ma fortune...*

« Je ne puis croire à tant de bassesse, à tant
« de fausseté chez les autres, et faut-il te le
« dire : je ne puis croire non plus que je vaille
« si peu... et que je sois incapable d'inspirer
« la moindre affection sincère et désintéres-
« sée...

« Ou plutôt vois-tu, chère mère, je ne sais
« plus que penser... ni des autres, ni de moi-
« même... Ce continuel état de doute est in-
« supportable : en vain j'ai cherché les moyens
« d'en sortir, de savoir la vérité. Mais à qui
« la demander? De qui puis-je attendre une
« réponse sincère? Et encore, maintenant
« pourrais-je jamais croire à la sincérité?

« Ce n'est pas tout? de nouveaux évène-
« ments sont venus rendre plus cruelle en-
« core cette situation déjà si pénible pour
« moi...

« Tu vas en juger.

« Les amères et ironiques paroles de M. de
« Maillefort, à propos des perfections que je
« devais réunir en ma qualité d'*héritière*, ont

« sans doute été répétées à mon tuteur et à
« sa femme par mademoiselle Héléna, ou
« bien, quelque autre évènement que j'i-
« gnore, a forcé les personnes dont je suis
« entourée à hâter et à me dévoiler des pro-
« jets, auxquels j'étais jusqu'alors restée ab-
« solument étrangère, et qui portent à leur
« comble mes incertitudes et ma défiance. »

Mademoiselle de Beaumesnil, à cet endroit de son journal, fut interrompue par deux coups frappés discrètement à la porte de sa chambre à coucher.

Surprise, presque effrayée, ayant oublié au milieu de ses tristes préoccupations le sujet de son dernier entretien avec sa gouvernante, l'orpheline demanda d'une voix tremblante :

— Qui est là ?

— Moi! Mademoiselle, — répondit madame Lainé à travers la porte.

— Entrez, — dit Ernestine se rappelant tout alors.

Et s'adressant à sa gouvernante :

— Qu'y a-t-il donc ?

— Bonne nouvelle... excellente nouvelle, Mademoiselle... Vous voyez, j'ai les mains en sang... mais... c'est égal !

— Ah! mon Dieu !... c'est vrai, — s'écria mademoiselle de Beaumesnil avec effroi, — que vous est-il donc arrivé ?... Tenez, prenez ce mouchoir... étanchez ce sang...

— Oh ! ce n'est rien, Mademoiselle, — répondit la gouvernante avec héroïsme, — pour votre service je braverais la mort !...

Cette exagération attiédit la compassion de mademoiselle de Beaumesnil, qui répondit :

— Je crois à votre courageux dévoûment, mais, de grâce, enveloppez votre main.

— C'est pour obéir à Mademoiselle, peu m'importe cette blessure... car enfin, la porte est ouverte... Mademoiselle, je suis parvenue à dévisser les pitons d'un cadenas... à soulever une barre de fer... J'ai entr'ouvert la porte et, comme je m'en doutais, elle donne dans la rue...

— Soyez sûre, ma chère Lainé, que je saurai reconnaître...

— Ah! je conjure Mademoiselle de ne pas me parler de sa reconnaissance; ne suis-je pas payée par le plaisir que j'ai à la servir?.. Seulement que Mademoiselle m'excuse d'être ainsi revenue, malgré ses ordres... mais j'étais si contente d'avoir réussi!...

— Je vous sais, au contraire, beaucoup de gré de cet empressement... Ainsi, nous pouvons en toute certitude convenir de nos projets pour demain...

— Oh! maintenant, Mademoiselle, c'est chose faite.

— Eh bien donc! vous me préparerez une

robe de mousseline blanche, très simple, et, la nuit venue, nous nous rendrons chez madame Herbaut. Et, encore une fois... la plus grande discrétion.

— Que Mademoiselle soit tranquille... Elle n'a rien de plus à m'ordonner?

— Non, je n'ai qu'à vous remercier de votre zèle.

— Je souhaite une bonne nuit à Mademoiselle.

— Bonsoir, ma chère Lainé.

La gouvernante sortit.

Mademoiselle de Beaumesnil continua d'écrire son journal.

X

Après le départ de sa gouvernante, mademoiselle de Beaumesnil continua donc d'écrire son journal ainsi qu'il suit :

« Pour bien comprendre ces nouveaux
« évènements, il faut revenir sur le passé...
« chère maman...

« Le lendemain de mon arrivée chez mon
« tuteur, je suis allée à l'église avec made-
« moiselle Héléna ; je me recueillais dans ma
« prière en songeant à toi, ma mère, lorsque
« mademoiselle Héléna m'a fait remarquer
« un jeune homme qui priait avec ferveur au
« même autel que nous.

« Ce jeune homme, je l'ai su plus tard, se
« nomme M. Célestin de Macreuse...

« L'attention de mademoiselle Héléna avait
« été attirée sur lui, me dit-elle, parce que,
« au lieu de s'agenouiller, comme tout le
« monde, sur une chaise, il était à genoux sur
« les dalles de l'église ; c'était aussi pour sa
« mère qu'il priait... car nous l'avons ensuite
« entendu demander au prêtre qui vint faire
« la quête de notre côté, une nouvelle neu-

« vaine de messes à la même chapelle pour
« le repos de l'âme de sa mère.

« En sortant de l'église, et au moment où
« nous allions prendre de l'eau bénite, M. de
« Macreuse nous en a offert en nous saluant,
« car il nous précédait au bénitier; plusieurs
« pauvres ont ensuite entouré ce jeune
« homme; il leur a distribué une abondante
« aumône en leur disant d'une voix émue :
« Le peu que je vous donne, je vous l'offre au
« nom de ma pauvre mère qui n'est plus.
« Priez pour elle. »

« A l'instant où M. de Macreuse disparais-
« sait dans la foule, j'ai aperçu M. de Maille-
« fort : entrait-il dans l'église ? en sortait-il ?
« Je ne sais ; mademoiselle Héléna, l'aperce-
« vant en même temps que moi, a paru sur-

« prise, presque inquiète de sa présence. En
« revenant à la maison elle m'a plusieurs fois
« parlé de M. de Macreuse, dont la piété pa-
« raissait si sincère, la charité si grande; elle
« ne connaissait pas ce Monsieur, — me dit-
« elle, — mais il lui inspirait beaucoup d'in-
« térêt, parce qu'il semblait posséder des
« qualités presque introuvables chez les jeu-
« nes gens de notre temps.

« Le lendemain, nous sommes retournées
« à l'église; nous avons de nouveau rencon-
« tré M. de Macreuse! il fait ses dévotions à la
« même chapelle que nous; cette fois il sem-
« blait si absorbé dans sa prière, que, l'office
« terminé, il est resté à genoux sur la pierre,
« qu'il touchait presque du front, tant il sem-
« blait accablé, anéanti par la douleur ; puis,

« s'affaissant bientôt sur lui-même... il est
« tombé à la renverse... évanoui, et on l'a
« transporté dans la sacristie...

« — Malheureux jeune homme, — m'a dit
« mademoiselle Héléna, — combien il re-
« grette sa mère ! quel bon et noble cœur il
« doit avoir !

« J'ai partagé l'attendrissement de made-
« moiselle Héléna, car mieux que personne
« je pouvais compâtir aux souffrances de
« M. de Macreuse, dont la figure douce et
« triste révélait un profond chagrin.

« Au moment où la sacristie s'ouvrait aux
« bedeaux qui emportaient M. de Macreuse,
« M. de Maillefort, qui se trouvait sur son
« passage, se mit à rire d'un air ironique.

« Mademoiselle Héléna parut de plus en
« plus surprise et inquiète de rencontrer une
« seconde fois M. de Maillefort à l'église.

« — Ce satan, — me dit-elle, — ne peut ve-
« nir dans la maison de Dieu que pour quel-
« que maléfice...

« Dans l'après-dîner de ce jour, madame
« de la Rochaiguë m'a décidée, malgré ma
« répugnance, à venir faire une promenade
« avec elle et une de ses amies ; nous avons
« été prendre madame la duchesse de Sen-
« neterre, que je ne connaissais pas, et nous
« sommes allées aux Champs-Elysées ; il y
« avait beaucoup de monde ; notre voiture
« s'étant mise au pas, madame de la Rochai-
« guë a dit à madame de Senneterre :

« — Ma chère duchesse, est-ce que ce n'est
« pas monsieur votre fils que je vois là-bas,
« à cheval ?

« — En effet, c'est Gerald, — a répondu
« madame de Senneterre en lorgnant de ce
« côté.

« — J'espère bien qu'il nous verra, — a
« ajouté madame de Mirecourt, — et qu'il
« viendra nous saluer.

« — Oh ! — a repris madame de la Ro-
« chaiguë, — M. de Senneterre n'y manquera
« pas... puisque heureusement madame la
« duchesse est avec nous... Je dis heureuse-
« ment, et je me trompe, — a ajouté ma-
« dame de la Rochaiguë, — car la présence
« de madame la duchesse nous empêche de

« dire tout le bien que nous pensons de
« M. Gerald.

« — Oh! quant à cela, — a répondu ma-
« dame de Senneterre en souriant, — je n'ai
« aucune modestie maternelle : jamais je
« n'entends dire assez de bien de mon fils.

« — Vous devez pourtant, Madame, — a
« répondu madame de Mirecourt, — être bien
« satisfaite à ce sujet, si avide que vous
« soyez...

« — Mais, à propos de M. de Senneterre,
« — a dit madame de Mirecourt à madame
« de la Rochaiguë, — savez-vous pourquoi
« M. de Senneterre s'est, à dix-huit ans, en-
« gagé comme simple soldat ?

« — Non, — a répondu madame de la Ro-

« chaiguë, — je sais, en effet, que M. de Sen-
« neterre, parti comme soldat, malgré sa
« naissance, a gagné ses grades et sa croix
« sur le champ de bataille, au prix de nom-
« breuses blessures, mais j'ignore pourquoi
« il s'est engagé.

« — Madame la duchesse, — a ajouté ma-
« dame de Mirecourt en s'adressant à ma-
« dame de Senneterre, — n'est-il pas vrai que
« monsieur votre fils a voulu partir soldat,
« parce qu'il trouvait lâche d'acheter un
« homme pour l'envoyer à la guerre se faire
« tuer à sa place ?

« — Il est vrai, — répondit madame de
« Senneterre, — telle est la raison que mon
« fils nous a donnée, et il a accompli son

« dessein, malgré mes larmes et les prières
« de son père.

« — C'est superbe, — a dit madame de la
« Rochaiguë. Il n'y a au monde que M. de
« Senneterre capable de montrer une résolu-
« tion si chevaleresque...

« — Et par ce seul fait on peut juger de la
« générosité de son caractère, — ajouta ma-
« dame de Mirecourt.

« — Oh !... je puis dire avec un juste or-
« gueil qu'il n'est pas de meilleur fils que Ge-
« rald, — dit madame de Senneterre.

« — Et qui dit : bon fils... dit tout, — reprit
« madame de la Rochaiguë.

« J'écoutais en silence cette conversation,

« partageant la sympathie qu'inspirait aux
« personnes dont j'étais accompagnée, la gé-
« néreuse conduite de M. de Senneterre s'en-
« gageant comme soldat plutôt que d'envoyer
« quelqu'un se faire tuer pour lui.

« A ce moment, plusieurs jeunes gens pas-
« saient au pas de leurs chevaux, en sens in-
« verse de nous ; je vis l'un d'eux s'arrêter,
« retourner son cheval et venir se placer à
« côté de notre calèche, qui allait aussi au
« pas.

« Ce jeune homme était M. de Senneterre ;
« il salua sa mère. Madame de la Rochaiguë
« me le présenta ; il me dit quelques paroles
« gracieuses, puis il fit en causant plusieurs
« tours de promenade auprès de nous ; il ne
« passait pour ainsi dire pas une voiture élé-

« gante sans que les personnes qui l'occu-
« paient, n'échangeassent quelque signe ami-
« cal avec M. de Senneterre, qui me parut
« inspirer une bienveillance générale.

« Pendant l'entretien qu'il eut avec nous,
« il fut très gai, légèrement moqueur, mais
« sans méchanceté; il ne railla que des ridi-
« cules évidents pour tous, et qui passèrent
« devant nos yeux.

« Peu de temps avant que M. de Senneterre
« nous quittât, nous fûmes croisés par une
« magnifique voiture à quatre chevaux, mar-
« chant au pas comme nous, et dans laquelle
« se trouvait un homme devant qui un grand
« nombre de personnes se découvraient avec
« déférence; cet homme salua profondément
« M. de Senneterre, qui, au lieu de lui rendre

« son salut, le toisa du plus dédaigneux re-
« gard...

« — Ah! mon Dieu, Monsieur de Senne-
« terre, — lui dit madame de la Rochaiguë,
« tout ébahie, — mais c'est M. du Tilleul qui
« vient de passer.

« — Eh bien! Madame?

« — Il vous a salué.

« — C'est vrai, j'ai eu ce désagrément là,
« — répondit M. de Senneterre en souriant.

« — Et vous ne lui avez pas rendu son sa-
« lut?

« — Je ne salue plus M. du Tilleul, Ma-
« dame.

« — Mais tout le monde le salue...

« — On a tort.

« — Pourquoi cela, Monsieur de Senne-
« terre ?

« — Comment ? pourquoi ?... et son aven-
« ture avec madame de...

« Puis, s'interrompant, sans doute gêné
« par ma présence, M. de Senneterre reprit,
« en s'adressant à madame de la Rochaiguë :

« — Connaissez-vous sa conduite avec cer-
« taine marquise ?

« — Sans doute.

« — Eh bien ! Madame, un homme qui agit
« avec cette cruelle lâcheté, est un miséra-

« ble... et je ne salue pas un misérable...

« — Pourtant, dans le monde... on conti-
« nue de l'accueillir à merveille, — dit ma-
« dame de Mirecourt.

« — Oui... parce qu'il a la meilleure mai-
« son de Paris, — reprit M. de Senneterre,
« — et qu'on veut aller à ses fêtes... Aussi l'on
« y va, ce qui est une indignité de plus.

« — Allons, Monsieur Gerald, — dit ma-
« dame de Mirecourt, — vous êtes... trop ri-
« goriste.

« — Moi, — reprit M. de Senneterre en
« riant, — moi, rigoriste... quelle affreuse
« calomnie !... je veux vous prouver le con-
« traire... tenez... regardez bien ce petit *brou-*
« *gham* vert qui vient là... et...

« — Gerald, — s'écria vivement madame
« de Senneterre en me désignant du regard
« à son fils, — car j'avais machinalement
« tourné la tête du côté de la voiture signalée
« par M. de Senneterre, et occupée par une
« très jeune et très jolie femme qui me parut
« le suivre des yeux...

« A l'interpellation de sa mère et au regard
« qu'elle jeta sur moi, M. de Senneterre se
« mordit les lèvres, et répondit en sou-
« riant :

« — Vous avez raison, ma mère, les anges
« seraient trop malheureux s'ils apprenaient
« qu'il y a des démons...

« Sans doute cette sorte d'excuse m'était
« indirectement adressée par M. de Senne-

« terre, car deux de ces dames me regardè-
« rent en souriant à leur tour, et je me sentis
« très embarrassée.

« L'heure étant venue de quitter la prome-
« nade, madame de Senneterre dit à son
« fils :

« — A tout à l'heure... vous dînez avec
« moi, n'est-ce pas, Gerald ?

« — Non, ma mère... et je vous demande
« pardon de ne pas vous avoir prévenue que
« je disposais de ma soirée.

« — C'est très malheureux pour vous, —
« reprit madame de Senneterre en souriant,
« — car j'ai, moi, disposé de vous ce soir.

— A merveille, ma mère, — répondit af-

« fectueusement M. de Senneterre, — j'écri-
« rai un mot pour me dégager... et je serai à
« vos ordres...

« Et après nous avoir saluées, M. de Sen-
« neterre partit au galop de son cheval, qu'il
« montait avec une aisance et une grâce par-
« faites. J'ai fait cette remarque et elle m'a
« attristée, car la tournure de M. de Senne-
« terre m'a rappelé la rare élégance de mon
« pauvre père.

« Autant qu'il m'a paru, dans cette entre-
« vue, et quoiqu'il m'eût très peu adressé la
« parole, M. de Senneterre doit avoir un ca-
« ractère franc, généreux, résolu, et une ten-
« dre déférence pour sa mère. C'était d'ail-
« leurs ce que pensaient ces dames, car
« jusqu'au moment où nous les avons quit-

« tées, elles n'ont pas cessé de faire l'éloge
« de M. de Senneterre.

« Le lendemain et le jour suivant, nous
« avons revu M. de Macreuse à l'église : sa
« douleur paraissait non moins profonde,
« mais plus calme, ou plutôt plus morne.
« Deux ou trois fois le hasard voulut qu'il
« jetât les yeux sur nous, et je ne sais pour-
« quoi mon cœur se serra en comparant ses
« traits d'une douceur si mélancolique, son
« extérieur humble et timide à l'aisance ca-
« valière de M. le duc de Senneterre.

« Le surlendemain de notre promenade
« aux Champs-Elysées, j'accompagnai mon
« tuteur au jardin du Luxembourg, ainsi que
« je le lui avais promis.

« Nous visitions les serres et les belles col-
« lections de rosiers, lorsque nous avons été

« abordés par un ami de M. de la Rochaiguë :
« il me l'a présenté sous le nom de M. le ba-
« ron *de Ravil* ou *du Ravil*, je crois.

« Ce Monsieur nous a accompagnés pen-
« dant quelques instants ; puis, tirant sa
« montre, il a dit à M. de la Rochaiguë :

« — Pardon de vous quitter si tôt, mon-
« sieur le baron ; mais je tiens à ne pas man-
« quer la fameuse séance...

« — Quelle séance, — a demandé mon tu-
« teur.

« — Comment ! Monsieur le baron, vous
« ignorez que M. de Mornand parle aujour-
« d'hui.

« — Il serait possible ?...

« — Certainement tout Paris est à la cham-

« bre des Pairs, car M. de Mornand y parle...
« c'est un évènement.

« — Je le crois bien, un si admirable ta-
« lent! — a repris mon tuteur, — un homme
« qui ne peut pas manquer d'être ministre
« un jour ou l'autre... Ah! quel malheur de
« n'avoir pas été prévenu... Je suis sûr, ma
« chère pupille, que cette séance vous eût
« intéressée... malgré les folies que vous a
« contées madame de la Rochaiguë. C'est
« pour le coup qu'elle m'eût accusée de guet-
« apens, si j'avais pu vous faire assister à la
« séance d'aujourd'hui.

« — Mais si Mademoiselle en avait le moin-
« dre désir, — a dit M. de Ravil à mon tuteur,
« — je suis à votre disposition, Monsieur le
« baron... Justement, lorsque je vous ai ren-
« contrés, j'attendais une de mes parentes et

« son mari ; ils ne viendront probablement
« pas ; je m'étais procuré des billets de la
« tribune diplomatique, et s'ils pouvaient
« vous être agréables...

« — Ma foi ! qu'en dites-vous, ma chère
« pupille ?

« — Je ferai, Monsieur, ce qu'il vous plai-
« ra... et, d'ailleurs, il me semble, — ajoutai-
« je, par égard pour mon tuteur, — qu'une
« séance de la chambre des pairs doit être,
« en effet, fort intéressante.

« — Eh bien ! j'accepte votre offre, mon
« cher monsieur de Ravil, — reprit vivement
« M. de la Rochaiguë, — et vous aurez la
« rare et bonne fortune, ma chère pupille, —
« ajouta-t-il, — de tomber justement un jour

« où doit parler M. de Mornand. C'est une
« faveur du sort.

« Nous hâtames le pas pour gagner le pa-
« lais du Luxembourg.

« Au moment où nous sortions des quin-
« conces, j'ai vu de loin M. de Maillefort, qui
« semblait nous suivre... Cela m'a surprise
« et inquietée... — Comment ce méchant
« homme se rencontre-t-il presque toujours
« sur nos pas? — me suis-je dit ; — qui donc
« pouvait ainsi l'instruire de nos projets?

« La tribune diplomatique où nous avons
« pris place, était déjà remplie de femmes
« très élégantes ; je me suis assise sur l'une
« des dernières banquettes, entre mon tuteur
« et M. de Ravil.

« Celui-ci ayant entendu quelqu'un dire à
« côté de nous qu'un célèbre orateur (il ne
« s'agissait pas de M. de Mornand) devait
« aussi parler dans cette séance, M. de Ravil
« a répondu qu'il n'y avait pas d'autre ora-
« teur célèbre que M. de Mornand, et que
« cette foule n'était venue que pour l'enten-
« dre. Presque aussitôt, celui-ci est monté à
« la tribune, et l'on a fait un grand silence.

« J'étais incapable de juger, et en grande
« partie, de comprendre le discours de
« M. de Mornand ; il s'agissait de sujets aux-
« quels je suis tout-à-fait étrangère ; mais j'ai
« été frappée de la fin de ce discours dans le-
« quel il a parlé avec une chaleureuse com-
« passion du triste sort des familles de pê-
« cheurs, attendant sur le rivage un père, un

« fils, un époux, au moment où la tempête
« s'élève.

« Le hasard voulut que M. de Mornand, en
« prononçant ces touchantes paroles, se
« tournât du côté de notre tribune ; sa figure
« imposante me parut émue d'une profonde
« commisération pour le sort des infortunés
« dont il paraissait prendre la défense.

« — Il est admirable, — dit à demi-voix
« M. de Ravil en essuyant ses yeux, car il
« semblait vivement ému.

« — M. de Mornand est sublime !! — s'é-
« cria mon tuteur : — il suffit de son discours
« pour faire améliorer le sort de mille familles
« de pêcheurs.

« D'assez nombreux applaudissements ac-

« cueillirent la fin du discours de M. de Mor-
« nand ; il allait quitter la tribune lorsqu'un
« autre pair de France, d'une figure maligne
« et caustique, dit de sa place d'un air rail-
« leur :

« — Je demande à la chambre la permis-
« sion de poser une simple question à M. le
« comte de Mornand avant qu'il ne descende
« de cette tribune... et que sa généreuse et
« soudaine compassion... pour les pêcheurs
« de morue ne soit conséquemment évapo-
« rée...

« — Si vous m'en croyez, Monsieur le ba-
« ron, — dit aussitôt M. de Ravil à mon tu-
« teur, — nous quitterons tout de suite la tri-
« bune, de peur de la foule ; M. de Mornand

« a parlé, tout le monde va vouloir s'en aller,
« car il n'y a plus rien d'intéressant.

« M. de la Rochaiguë m'offrit son bras, et,
« au moment où nous quittions la salle, nous
« avons entendu des éclats de rires univer-
« sels.

« — Je vois ce que c'est, — dit M. de Ravil,
« — M. de Mornand écrase sous ses sarcas-
« mes l'imprudent qui avait eu l'audace de
« vouloir lui poser une question, car, lorsqu'il
« le veut, ce diable de M. de Mornand a de
« l'esprit comme un démon.

« Mon tuteur m'ayant proposé de repren-
« dre notre promenade et d'aller jusqu'à
« l'Observatoire, j'y ai consenti.

« M. de Ravil nous accompagnait.

« — Monsieur le baron, — dit-il à mon tu-
« teur, — avez-vous remarqué madame de
« Bretigny, qui est sortie presque en même
« temps que nous ?

« — La femme du ministre ? non, je ne l'a-
« vais pas remarquée... — répondit mon tu-
« teur.

« — Je le regrette pour vous, Monsieur,
« car vous eussiez vu l'une des meilleures
« personnes que l'on puisse rencontrer ; on
« n'a pas d'idée de l'admirable parti qu'elle
« sait tirer de sa position de femme de mi-
« nistre, de tout le bien qu'elle fait, des injus-
« tices qu'elle répare, des secours qu'elle ob-
« tient... C'est une véritable Providence...

« — Cela ne m'étonne pas, — reprit mon

« tuteur, — dans une condition pareille à
« celle de madame de Bretigny, ou peut faire
« tant de bien... car...

« Et s'interrompant, mon tuteur dit vive-
« ment à M. de Ravil :

« — Ah! mon Dieu! Est-ce que ce n'est pas
« lui, là-bas dans cette allée retirée? Tenez...
« il se promène en regardant les fleurs.

« — Qui cela, Monsieur le baron?

« — M. de Mornand... voyez donc.

« — Si... fait... — répondit M. de Ravil,
« — c'est lui... c'est bien lui ; il vient oublier
« son triomphe de tout à l'heure, se délasser
« de ses grands travaux politiques en s'amu-
« sant à regarder des fleurs... Cela ne m'é-

« tonne pas, car, avec son talent, son génie
« politique, c'est l'homme le meilleur... le
« plus simple qu'il y ait au monde... et ses
« goûts le prouvent bien. Après son admira-
« ble succès... que recherche-t-il? la soli-
« tude... et des fleurs.

« — Monsieur de Ravil, vous connaissez
« M. de Mornand? — lui demanda mon tu-
« teur.

« — Très peu... je le rencontre dans le
« monde.

« — Mais enfin, vous le connaissez assez
« pour l'aborder?... n'est-ce pas?

« — Certainement.

« — Eh bien! allez donc le féliciter sur le

« succès qu'il vient d'obtenir ; nous vous sui-
« vrons, et nous verrons de près ce grand
« homme. Que dites-vous de notre complot,
« ma chère pupille?...

« — Je vous accompagnerai, Monsieur,
« l'on aime toujours à voir des hommes qui
« semblent aussi distingués que M. de Mor-
« nand.

« Changeant alors la direction de notre
« marche, et guidés par M. de Ravil, nous
« sommes bientôt arrivés dans l'allée où se
« trouvait M. de Mornand ; aux compliments
« que lui adressa M. de Ravil, et, par occa-
« sion, mon tuteur, M. de Mornand répondit
« avec autant de modestie que de simplicité,
« m'adressa deux ou trois fois la parole avec
« une extrême bienveillance, et, après un

« court entretien, nous laissâmes M. de Mor-
« nand à sa promenade solitaire.

« — Quand on pense, — dit M. de Ravil,
« — qu'avant six mois peut-être cet homme
« de formes si simples gouvernera la France !

« — Dites donc de formes excellentes, mon
« cher Monsieur de Ravil, — reprit mon tu-
« teur, — M. de Mornand a tout à fait des
« manières de grand seigneur, il est à la fois
« affable... et imposant. Dam... ce n'est pas
« un de ces freluquets imbéciles... comme
« on en voit tant... qui ne songent qu'à leur
« cravate et à leurs chevaux.

« — Et ces freluquets-là seront générale-
« ment peu appelés à gouverner la France,
« — reprit M. de Ravil, — je dis gouverner,

« parce que M. de Mornand n'accepterait pas
« un ministère en sous-ordre ; il sera chef du
« cabinet qu'il formera...

« — Eh ! mon Dieu, — dit M. de la Rochai-
« guë, — il n'y a pas encore six semaines que
« l'on parlait de lui dans les journaux comme
« président d'un nouveau ministère.

« — Dieu le veuille, Monsieur le baron !
« Dieu le veuille pour le bonheur de la Fran-
« ce... pour la paix de l'Europe... pour le
« repos du monde... — ajouta d'un ton pro-
« fondément pénétré M. de Ravil, qui nous
« quitta bientôt.

« En rentrant avec mon tuteur, je pensais
« que c'était une bien belle et bien haute po-
« sition que celle d'un homme qui pouvait,

« comme M. de Mornand, avoir une si grande
« influence sur le bonheur de la France, sur
« la paix de l'Europe et sur le repos du
« monde.

« Voilà, ma chère maman, dans quelles
« circonstances j'ai rencontré, pour la pre-
« mière fois, MM. de Macreuse, de Senneterre
« et de Mornand.

« Telles ont été les suites de ces rencon-
« tres. »

XI

Mademoiselle de Beaumesnil continua son journal de la sorte :

« Au bout de quelques jours, mademoi-
« selle Héléna était parvenue, me dit-elle, à
« savoir le nom du jeune homme que nous
« rencontrions chaque matin à l'église.

« Il s'appelait M. *Célestin de Macreuse.* Mademoiselle Héléna avait eu sur lui les renseignements les plus précis ; elle m'en parla d'abord souvent, puis presque incessamment. M. de Macreuse appartenait, — disait-elle, — par ses relations, au meilleur et au plus grand monde : d'une piété exemplaire, d'une charité angélique, il avait fondé une œuvre d'une admirable philanthropie ; et, quoique jeune encore, son nom était prononcé partout avec affection et respect.

« Madame de la Rochaiguë me faisait, de son côté, les plus grands éloges de M. de Senneterre, tandis que mon tuteur amenait souvent l'occasion de me parler avec enthousiasme de M. de Mornand.

« Je ne trouvai d'abord rien d'extraordi-
« naire à entendre ainsi louer souvent en
« ma présence, des personnes qui me sem-
« blaient mériter ces louanges ; seulement
« je remarquai que jamais les noms de
« MM. de Macreuse, de Senneterre ou de
« Mornand n'étaient prononcés par mon tu-
« teur, sa sœur ou sa femme, que dans les
« entretiens que tous trois avaient parfois
« séparément avec moi.

« Vint enfin le jour où M. de Maillefort
« m'avait si méchamment... ou plutôt, hélas!
« si véritablement expliqué la cause des pré-
« venances, de l'adulation dont on m'entou-
« rait.

« Sans doute, mon tuteur et sa femme,
« avertis par mademoiselle Héléna, crai-

« gnirent les conséquences de cette révéla-
« tion, dont je n'avais paru que trop frappé ;
« le soir et le lendemain de ce jour, tous
« trois s'ouvrirent isolément à moi de leurs
« projets sans doute arrêtés depuis long-
« temps, et chacun, selon le genre de son
« esprit et le caractère du *prétendant* qu'il
« protégeait (car il s'agissait alors de pré-
« tendant), me déclara que je tenais entre
« mes mains le bonheur de ma vie, et la cer-
« titude du plus heureux avenir, en épou-
« sant :

« *M. de Macreuse*, — selon mademoiselle
« Héléna ;

« *M. de Senneterre,* — selon madame de la
« Rochaiguë ;

« *M. de Mornand,* — selon mon tuteur.

« A ces propositions inattendues, ma sur-
« prise, mon inquiétude même ont été telles,
« que j'ai pu à peine répondre ; mes paroles
« embarrassées ont été d'abord prises pour
« une sorte de consentement tacite... puis,
« par réflexion, j'ai laissé dans cette erreur
« les protecteurs de ces trois prétendants.

« Alors les confidences ont été complètes.

— « Ma belle-sœur et mon beau-frère, —
« me dit mademoiselle Héléna, — sont d'ex-
« cellentes personnes, mais bien mondaines,
« bien légères, bien glorieuses ; tous deux
« seraient incapables de reconnaître la rare
« solidité des principes de M. de Macreuse,
« d'apprécier ses vertus chrétiennes, son an-
« gélique piété... il faut donc me garder le
« secret, ma chère Ernestine, jusqu'au jour

« où vous aurez fait le choix que je vous
« propose parce qu'il est digne d'être ap-
« prouvé par tous... Alors, fière, honorée
« de ce choix... vous n'aurez qu'à le notifier
« à mon frère, votre tuteur, qui l'approu-
« vera, je n'en doute pas, si vous le lui im-
« posez avec fermeté... S'il refusait, contre
« toute probabilité... nous aviserions à
« d'autres moyens, et nous saurions bien le
« contraindre à assurer votre bonheur.

« — Ma pauvre sœur Héléna, — me dit à
« son tour M. de la Rochaiguë, — est une
« bonne créature... toute en Dieu... c'est
« vrai... mais elle ne sait rien des choses
« d'ici-bas... Si vous vous avisiez, ma chère
« pupille, de lui parler de M. de Mornand,
« elle ouvrirait de grands yeux, et vous di-

« rait qu'il n'a aucun détachement des va-
« nités de ce monde ; qu'il a l'ambition du
« pouvoir, etc., etc. Quant à ma femme, elle
« est parfaite ; mais sortez-la de sa toilette,
« de ses bals, de ses caquets mondains...
« éloignez-la de ces *beaux* inutiles, qui ne
« savent que mettre leur cravate et se ganter
« de frais... elle est complètement déso-
« rientée, car elle n'a pas la moindre con-
« science des choses élevées... Pour elle,
« M. de Mornand serait un homme grave,
« sérieux, *un homme d'État* enfin, et, par la
« manière dont vous l'avez entendu parler
« des séances de la chambre des pairs, ma
« chère pupille, vous jugez comme elle ac-
« cueillerait nos projets... Que tout ceci soit
« donc entre nous, ma chère pupille, et, une
« fois votre décision prise, comme, après

« tout, c'est moi qui suis votre tuteur, et que
« votre mariage dépend de mon seul con-
« sentement, votre volonté ne rencontrera
« aucune difficulté.

« — Vous pensez bien, ma chère belle, —
« me dit enfin madame de la Rochaiguë, —
« que tout ce que je viens de vous dire au
« sujet de M. le duc de Senneterre, doit être
« absolument tenu secret entre nous... En
« fait de mariage, ma belle-sœur Héléna est
« d'une innocence plus que naïve ; elle ne
« connaît de mariage qu'avec le ciel, et
« quant à mon mari, la politique et l'ambi-
« tion lui ont tourné la cervelle ;... il ne
« rêve que chambre des pairs... et il est
« malheureusement aussi étranger qu'un
« Huron à tout ce qui est mode, élégance,

« plaisirs; or l'on ne vit après tout que par
« et pour l'élégance, la mode et les plaisirs...
« surtout lorsqu'il s'agit de partager cette
« vie enchanteresse avec un jeune et char-
« mant duc, le plus aimable et le plus géné-
« reux des hommes; gardons-nous donc le
« secret, ma chère belle, et, le moment venu
« d'annoncer votre résolution à votre tu-
« teur... je m'en charge... M. de la Rochaiguë
« a l'habitude d'être le très humble servi-
« teur... de mes volontés ; je l'ai depuis
« longtemps accoutumé à cette position su-
« balterne; il fera ce que nous voudrons.
« J'ai eu d'ailleurs une excellente idée, —
« ajouta madame de la Rochaiguë,—j'ai prié
« l'une de mes amies, que vous connaissez
« déjà, madame de Mirecourt, de donner un
« grand bal dans huit jours. Ainsi, ma chère

« belle, jeudi prochain, dans le tête-à-tête
« public d'une contredanse, vous pourrez
« juger de la sincérité des sentiments que
« M. de Senneterre éprouve pour vous.

« Le lendemain de cet entretien avec ma-
« dame de la Rochaiguë, mon tuteur me dit
« en confidence :

« — Ma femme a eu l'heureuse idée de
« vous conduire au bal que donne madame
« de Mirecourt; vous verrez M. de Mornand
« à cette fête, et, Dieu merci ! les occasions
« ne lui manqueront pas de vous convaincre,
« je l'espère, de l'impression soudaine, irré-
« sistible, qu'il a éprouvée à votre vue,
« lorsque nous sommes allés après la séance
« le complimenter de ses succès.

« Enfin, deux jours après que mon tuteur
« et sa femme m'eurent entretenue de leurs
« projets de bal, mademoiselle Héléna m'a
« dit :

« — Ma chère Ernestine, ma belle-sœur
« vous conduit au bal jeudi ; j'ai cru l'occa-
« sion excellente pour que vous puissiez vous
« trouver en rapport avec M. de Macreuse ;
« quoique ce pauvre jeune homme, d'ailleurs
« accablé de chagrins, n'ait aucun de ces
« dons frivoles grâce auxquels on brille dans
« une fête, il a chargé une dame de ses
« amies, très hautement placée dans le
« monde, la sœur de l'évêque de Ratopolis,
« de demander à madame de Mirecourt une
« invitation pour lui, M. de Macreuse ; cette
« invitation lui a été envoyée avec empres-

« sement ; ainsi, jeudi vous l'entendrez, et
« vous ne pourrez, j'en suis sûre, résister à
« la sincérité de son langage, lorsque vous
« saurez, ainsi qu'il me l'a dit à moi-même,
« comment, depuis qu'il vous a vue à l'église.
« votre image adorée le suit en tous lieux...
« et le trouble jusque dans ses prières...

« C'est donc au bal de jeudi prochain...
« ma chère maman, que je dois me trouver,
« avec MM. de Macreuse, de Senneterre et
« de Mornand.

« Lors même que je n'eusse pas dû à une
« méchanceté de M. de Maillefort, cette
« cruelle révélation sur le vrai motif des sen-
« timents d'admiration et d'attachement que
« l'on me témoignait si généralement, mes
« soupçons, mes craintes auraient enfin été

« éveillés par le mystère, par la dissimula-
« tion, par la fausseté des personnes dont
« j'étais entourée, préparant, à l'insu les
« unes des autres, leurs projets de mariage,
« et se dénigrant, se trompant mutuelle-
« ment, pour réussir isolément dans leurs
« desseins. Mais, hélas? jugez de mon an-
« xiété, bonne et tendre mère, maintenant
« que ces deux révélations, se succédant,
« ont acquis l'une par l'autre une nouvelle
« gravité !

« Pour compléter ces aveux, chère mère,
« je dois te dire quelles avaient été d'abord
« mes impressions à propos des personnes
« que l'on voudrait me faire épouser.

« Jusqu'à ce moment, d'ailleurs, je n'a-
« vais aucune pensée de mariage ; l'époque

« à laquelle j'aurais à songer à cette déter-
« mination me paraissait si éloignée ; cette
« détermination elle-même me semblait tel-
« lement grave, que si, parfois, j'y avais
« vaguement pensé, c'était pour me féliciter
« d'être encore bien loin du temps où il fau-
« drait m'en occuper, ou plutôt, où l'on s'en
« occuperait sans doute pour moi.

« C'était donc sans aucune arrière-pensée
« que j'avais été touchée de la douleur de
« M. de Macreuse, qui, comme moi, regret-
« tait sa mère... puis le bien que mademoi-
« selle Héléna me disait sans cesse de lui, la
« douceur de sa figure, empreinte de mélan-
« colie, la bonté de son cœur, révélée par
« ses nombreuses aumônes, tout avait con-
« couru à joindre une profonde estime à

« la compassion que je ressentais pour lui.

« M. de Senneterre, par la franchise et la
« générosité de son caractère, par sa gaîté,
« par la gracieuse élégance de ses manières,
« m'avait beaucoup plu ; il m'aurait surtout,
« ce me semble, inspiré une grande con-
« fiance, à moi pourtant si réservée!

« Quand à M. de Mornand, il m'imposait
« extrêmement par l'élévation de son ca-
« ractère et de son talent, ainsi que par la
« grande influence dont il paraissait jouir;
« je m'étais sentie tout interdite, mais pres-
« que fière, des quelques paroles bienveil-
« lantes qu'il m'avait adressées lors de ma
« rencontre avec lui dans le jardin du Luxem-
« bourg.

« Je dis que *j'éprouvais* tout cela, chère
« maman, car à cette heure, que je suis in-
« struite des projets de mariage que l'on
« prête à ces trois personnes ;... à cette
« heure que la révélation de M. de Maillefort
« me fait douter de tout et de tous... de cha-
« cun et de moi-même... je ne puis plus
« lire dans mon propre cœur;.

« Et assiégée de soupçons, je me demande
« pourquoi ces trois prétendants à ma main
« ne seraient pas aussi guidés par le hon-
« teux mobile auquel obéissent peut-être
« toutes les personnes dont je suis entourée?

« Et, à cette pensée, tout ce qui me plai-
« sait, tout ce que j'admirais en eux, m'in-
« quiète et m'alarme.

« Si ces apparences, touchantes et pieuses
« chez M. de Macreuse, charmantes et loya-
« les chez M. de Senneterre, imposantes et
« généreuses chez M. de Mornand, cachaient
« des âmes basses et vénales !

« O ma mère ! si tu savais ce qu'il y a
« d'horrible dans ces doutes, qui complè-
« tent l'œuvre de défiance commencée par
« la révélation de M. de Maillefort !

« Ma mère,... ma mère, cela est affreux !
« car enfin je ne dois pas toujours vivre avec
« mon tuteur et sa famille, et du jour où
« j'aurai la conviction qu'ils m'ont trompée,
« adulée, dans un intérêt misérable, je n'au-
« rai pour eux qu'un froid dédain...

« Mais me dire... que parce que je suis
« immensément riche, *je ne serai jamais*
« *épousée que pour mon argent...*

« Mais penser que je suis ainsi fatalement
« vouée à subir les douloureuses consé-
« quences d'une pareille union, c'est-à-
« dire... tôt ou tard l'indifférence, le mépris,
« l'abandon... la haine peut-être... car tels
« doivent être dans la suite les sentiments
« d'un homme assez vil pour rechercher une
« femme par un intérêt cupide...

« Oh! je te le répète, ma mère, cette pen-
« sée est horrible... elle m'obsède, elle m'é-
« pouvante, et j'ai voulu essayer de lui
« échapper à tout prix...

« Oui, même au prix d'une action dan-
« gereuse. funeste peut-être...

« Voici, chère maman, comment j'ai été
« amenée à la résolution dont je te parle.

« Pour sortir de ces cruelles incertitudes
« qui me font douter des autres et de moi-
« même, il faut que je sache enfin *ce que je
« suis, ce que je parais, ce que je vaux, abstrac-
« tion faite de ma fortune...*

« Fixée sur ce point, je saurai reconnaî-
« tre le vrai du faux, les adulations vénales
« de l'intérêt sincère que je mérite peut-être
« par moi-même, et en dehors de cette for-
« tune maudite...

« Mais pour savoir ce que je suis, ce que
« je vaux réellement... à qui m'adresser?
« qui aura la franchise d'isoler dans son ap-
« préciation la jeune fille de l'*héritière*.

« Et, d'ailleurs, un jugement partiel, si
« sévère ou si bienveillant qu'il soit, suffi-
« rait-il à me convaincre, à me rassurer?

« Non... non... je le sens, il me faut donc
« le jugement, l'appréciation de plusieurs
« personnes forcément désintéressées.

« Mais, ces juges, où les trouver?

« A force de penser à cela, chère maman,
« voici ce que j'ai imaginé.

« Madame Lainé m'a parlé, il y a huit
« jours, de petites réunions que donnait
« chaque dimanche une de ses amies. J'ai
« cherché et trouvé ce soir le moyen de me
« faire présenter demain à l'une de ces réu-
« nions par ma gouvernante, comme sa pa-

« rente, une jeune orpheline, sans fortune
« et vivant de son travail, ainsi que toutes
« les personnes dont se compose cette so-
« ciété. Là... je ne serai connue de personne,
« le jugement que l'on portera de moi me
« sera manifesté par l'accueil que je rece-
« vrai ; *les rares perfections* dont je suis douée
« selon ceux qui m'entourent, ont eu jus-
« qu'ici un effet si *soudain*, si *irrésistible*, di-
« sent-ils, sur eux et sur les personnes qu'ils
« désignent à mon choix ; je produis enfin,
« dans les assemblées où je vais, un effet si
« général... que je devrai produire un effet
« non moins saisissant sur les personnes qui
« composent la modeste réunion de madame
« Herbaut.

« Sinon, j'aurai été abusée... on se sera

« cruellement joué de moi... l'on n'aura pas
« craint de vouloir compromettre à jamais
« mon avenir en tâchant de fixer mon choix
« sur des prétendants uniquement attirés
« par la cupidité...

« Alors, j'aurai à prendre une résolution
« dernière, pour échapper aux pièges qui
« me sont tendus de toutes parts...

« Cette résolution quelle sera-t-elle?

« Je l'ignore; hélas! isolée, abandonnée
« comme je suis... à qui me confier désor-
« mais?...

« A qui? Eh! mon Dieu! à toi, ô ma
« mère... à toi comme toujours; j'obéirai
« aux inspirations que tu m'enverras,

« comme tu m'as peut-être envoyé celle-ci...
« car, si étrange qu'elle paraisse... qu'elle
« soit peut-être, l'isolement où je suis l'ex-
« cuse... Elle part, enfin, d'un sentiment
« juste et droit : *le besoin de savoir la vérité, si*
« *décevante qu'elle soit.*

« Demain donc, j'y suis résolue, je me
« rendrai à la réunion de madame Her-
« baut. »

. . . .

Le lendemain, en effet, mademoiselle de Beaumesnil ayant, selon qu'elle en était convenue avec madame Lainé, simulé une indisposition et échappé, par un ferme refus, aux soins empressés des la Rochaiguë, sortit dès la nuit avec sa gouvernante par le petit escalier dérobé communiquant à son appartement; puis, montant en fiacre à quelque distance de l'hôtel de la Rochaiguë, mademoiselle de Beaumesnil et madame Lainé se firent conduire et arrivèrent aux Batignolles chez madame Herbaut.

FIN DU TROISIÈME VOLUME.

Sceaux, Impr. de E. Dépée.

ŒUVRES D'EUGÈNE SUE.

	Vol. in-8
Martin l'enfant trouvé.............................	12
Le Juif errant.......................................	10
Les Mystères de Paris.............................	10
Mathilde...	6
Deux Histoires......................................	2
Le Marquis de Letorière...........................	1
Deleytar..	2
Jean Cavalier..	4
Le Morne au Diable.................................	2
Thérèse Dunoyer.....................................	2
Latréaumont...	2
La Vigie de Koat-Ven...............................	4
Paula Monti..	2
Le Commandeur de Malte..........................	2
Plick et Plock..	1
Atar-Gull...	2
Arthur..	4
Coucaratcha...	3
La Salamandre......................................	2
L'Orgueil (la Duchesse)............................	6
L'Envie (Frédérik Bastien)........................	4

SOUS PRESSE :

La Colère...	»
La Luxure..	»
La Paresse...	»
L'Avarice...	»
La Gourmandise....................................	»

Corbeil, imprimerie de CRÉTÉ.

www.ingramcontent.com/pod-product-compliance
Lightning Source LLC
Chambersburg PA
CBHW060655170426
43199CB00012B/1798